如何当好教研组长

中小学教研组长专业素养与行动

杨向谊 著

中国轻工业出版社

图书在版编目(CIP)数据

如何当好教研组长：中小学教研组长专业素养与行动/杨向谊著．—北京：中国轻工业出版社，2016.12（2025.1重印）

ISBN 978-7-5184-1139-9

Ⅰ.①如… Ⅱ.①杨… Ⅲ.①中小学－教研组－工作－研究 Ⅳ.①G632.4

中国版本图书馆CIP数据核字（2016）第240259号

保留所有权利。非经中国轻工业出版社"万千教育"书面授权，任何人不得以任何方式（包括但不限于电子、机械、手工或其他尚未被发明或应用的技术手段）复印、拍照、扫描、录音、朗读、存储、发表本书中任何部分或本书全部内容，以及其他附带的所有资料（包括但不限于光盘、音频、视频等）。中国轻工业出版社"万千教育"未授权任何机构提供源自本书内容的电子文件阅览、收听或下载服务。如有此类非法行为，查实必究。

责任编辑：王慧超　　责任终审：杜文勇
策划编辑：孔胜楠　　责任校对：刘志颖　　责任监印：吴维斌

出版发行：中国轻工业出版社（北京鲁谷东街5号，邮编：100040）
印　　刷：三河市鑫金马印装有限公司
经　　销：各地新华书店
版　　次：2025年1月第1版第8次印刷
开　　本：710×1000　1/16　印张：15.5
字　　数：140千字
印　　刷：20001—22000
书　　号：ISBN 978-7-5184-1139-9　定价：36.00元

读者热线：010-65181109
发行电话：010-85119832　010-85119912
网　　址：http://www.chlip.com.cn　http://www.wqedu.com
电子信箱：1012305542@qq.com

版权所有　侵权必究

如发现图书残缺请拨打读者热线联系调换

242414Y1C108ZBW

序

自从在近几次国际学生评估项目（Program for International Student Assessment，缩写为 PISA）测试中上海学生的数学能力令世人瞩目以来，中外学者就把中国式的集体备课与教研体制认定为其他国家难以比拟的"中国特色"。近些时日，舆论界与教育界业内人士纷纷将教研机制视为解开"上海教育密码"的一把钥匙。

本书作者是一线教研的亲力亲为人（本身就是教师），又是二十年如一日执着于此的研究者。他用饱含深情的笔，写出了真实的人、具体的事，试着做分类，逐步去解剖、分析，铺陈自己的见解。这就像科学研究的艰难攀登。但本书作者所用的方法，与科班的研究不尽相同，比如，他不太用正规的工具与假说，却把自己的心和脑直接拿来做"工具"，也许这是一种更有力的穿透。

作者生活在对自己来说是"富氧"的空间中，因此可以自然地说出自己想说的话，这是很宝贵的写作品格。至于"中国特色"或"上海教育密码"，其中有与中小学教师工作密切相关的海量问题，尚待进一步的考察和真正意义上的理性审视。

愿本书作为一个初始的台阶，长长的路还在前面，咬定青山走下去，是一定不会辜负作为一名卓越的教师研究者的初衷的。

顾泠沅
2016 年 8 月

（顾泠沅，华东师范大学教授、博士生导师，原上海市教育科学研究院副院长）

前　言

学校教研组是我国特有的基层教师开展教学研究的组织形式，是教师进行专业学习和智慧共享的主要场所，它的地位和作用之重要毋庸置疑。

我们对教研组这一组织的理解是：教研组（含备课组）是教师学习研究有关学科课程标准、教材和教学，结合教学工作钻研教学理论和专业知识，反思并共享教学经验，进而改进教学，促进教师学科素养和教学素养发展的学习共同体，是校本研修的基本组织。它提倡"专业自治"，其主要功能和作用体现在四个方面：研究并解决教学问题；共享并创生教学智慧；培养青年教师；参与学校教学管理。详细阐述将在引言部分展开。

如今，随着课程改革与实施步入"深水区"，课程与教学中出现的问题与矛盾越来越多，学校承担的教师在职培训任务也越来越繁重。在这样的现实背景下，教研组的作用比以往任何时候都大。作为这个组织中的"首席"，教研组长的专业素养及其影响力显得十分重要。一个好的教研组长往往能带出一个好的教研组，引领出一支高素质的教师队伍；同时，一个氛围良好的教研组也为教研组长开展工作创设了好的环境。某种程度上讲，教研组长同所在的团队之间存在着唇齿相依、互为共生的关系。

目前，关于教研组长专业素养的研究并不多，系统的论述更是少见，本书系由笔者承担的上海教育科学研究规划项目《中小学教研组长的专业素养及其培养研究》（立项编号C05051）的主要成果，它围绕教研组长的专业素养展开讨论，试图从素养的基本内容框架、角色的调整转变、研修活动的策划与开展以及团队文化的创设等方面对这一教师队伍中的特定群体进行比较全面的透视，以进一步认识教研组长的知识能力构成和工作，并在此基础上介绍和阐述教研组研修活动的策划与开展、教研组发展规划与特色文化的创建，进而帮助教研组长把握开展专业工作、行使岗位职责的关键要素，发挥组织引领教研组工作的作用，承担起团队"首席"的责任。

可以从两大视角对专业工作者素养进行描述或分析，一是静态性的素养内容，二是动态性的行动方略。

（1）在引言部分对教研组长的专业素养进行了静态的框架性描述，主要涉及教研组长应具备的有关专业知识、专业能力、人格特质和思维品质，涵盖了教育教学、管理沟通、组织策划等内容，都是教研组长岗位工作中不可或缺的。为了使读者能够更好地理解这些内容，我们尽可能描述得具体、可操作，避免抽象空洞，在勾勒出教研组长专业特点的同时，也使大家对教研组长的专业素养有一个结构性的印象。

（2）从动态的角度，本书从六个方面进行了讨论。

①由于教研组长一般都是由学科教学骨干来担任，因此，他是一个集具体教学、团队管理、引领同伴于一身的复合型角色，处理好各种工作之间的关系就显得尤为重要。如何顺利实现由普通骨干到组长的角色转换？第一章就相关问题做了阐述，提供了几条自我调适的行动路径。

②教研组研修活动的策划是教研组长必须掌握的基本功，第二章就这一专题展开了论述，梳理出活动策划的基本步骤和方法，某种程度上也是对这项工作的一种规范。

③研修活动的开展与评估是技术性和技巧性较强的工作。本书第三章着力介绍了有关的策略与技能，并且强调了研修活动中的教学实验和课例研究，它们是教研组研修中重要的研究方法和手段，也是研修活动实证性的重要体现。

④当前课程改革与新课程的实施是学校教学的主旋律，基于课程标准的

教学是课堂教学提效增能的主抓手,也自然成为教研组教学研究的主命题,如何基于这个命题展开研修,是教研组长关注和思考的问题。为此,本书第四章通过国家课程标准层级式转化的具体路径和相关工具的研发,为教研组长以此作为载体或抓手展开研修活动提供了具体、可操作的经验,同时还就这项命题的研究中所涉及的课堂观察及教师反思,介绍了来自基层教研组的经验和做法。

⑤有效的教师研修离不开专业的引领,它是帮助教师建构教学新知的重要条件,考虑到这方面仍是教研组研修中的短板,相关系统的经验也不多,所以,在第五章中,我们专门就此展开讨论,在阐述专业资源的类型与特点的前提下,提出了专业资源开发利用的基本方法和思路,旨在帮助教研组长进一步认识和理解专业资源的作用,拓展视野,整体思考,进而能够更有效地利用并开发资源,使同伴从研修中获得更实在的专业成长。

⑥从理想的方面考虑,教研组还应该是一个充满文化气息的学习共同体,而通过和同伴的共同努力,创建出各具特色的组本研修文化,则是广大富有事业心的教研组长所追求的目标。如何创建研修文化?本书的第六章结合一些实践案例进行了探讨。

本书的读者应该是一线的教研组长,也包括基层的教学管理者。本人曾有长期的此类工作经历,实际的体验告诉我,究竟怎样的内容和表达能够与教研组长的具体实践对接,能够引发他们对自身工作的思考,能够借鉴和迁移,因此,撰写过程中,在保持通俗易懂的行文风格的同时,本书力求体现出以下特点:

(1)**问题导向,突显针对性**。聚焦教研组长岗位职责的关键要素,以当下课程教学、教研组研修中出现的具体问题或现象作为论述的逻辑起点,尽可能做到思路和方法上有针对性。

(2)**追根溯源,体现原理性**。不仅要提供做法,而且要帮助教研组长理解为何这样做。比如，在阐述研修活动的策划与开展中，首先回归研修活动的本源，了解研修活动的基本价值与内在机理；其次，尝试引入认知发生学与最近发展区原理，为研修活动过程中实现教师新知建构寻找学理上的支撑，同时也帮助教研组长站在本源的角度策划和组织开展更加有效的活动，提升研修活动的科学性与品质。

（3）*案例引领，增强操作性*。本书运用了较多的实践案例来具体说明教研组长专业素养历练的过程与方法，具有较强的实践操作性，为教研组长结合自身特点与实际进行学习实践提供了指导。

（4）*把握趋势，注入新信息*。教研组建设与研修活动的开展具有开放性的趋势，随着课程与教学研究的不断深入，各种新信息层出不穷。为此，本书在注重夯实基础的前提下，也注意适当引入，比如研修活动的课程化趋势、学科教学中的核心素养等，旨在对相关领域的研究实践和走向做出一些趋势判断。

总之，教研组建设是提高校本研修实效性的核心而永恒的命题，教研组长是其中的关键人物。由于水平所限，本书中必有疏漏与不妥，抛砖引玉，以此书呈献给大家，既为广大奋战在教学一线的学校教研组长提供借鉴，也可以作为相关培训的资料，帮助教研组长早日成为具有教学领导力的智慧型团队"首席"。

杨向谊

2016 年 8 月写于康城

目 录
contents

引　言　审视团队中的"首席" / 001

第一章　在担当中的自我调适 / 013

  兼收并蓄，夯实专业底蕴 / 016

  主动沟通，充当团队中的"润滑剂" / 023

  胸怀善意，为同伴服务 / 031

第二章　聚焦于本源的研修活动策划 / 039

  聚焦于有效研修 / 040

  考察研修活动的本源 / 047

  研修活动的系统策划 / 053

  走向研修活动的课程化 / 070

第三章　立足于"浸润"的研修活动开展与评估 / 075

  基本策略与技能 / 076

  课堂教学实验与课例研究 / 095

  检视研修实效的反思与评估 / 110

第四章　基于课程标准教学的教研组研修 / 129

现状分析与路径探索 / 130

建构课程标准到教学的实体化转化工具 / 135

促进课程标准"落地"的研修活动 / 142

研修中的课堂观察与反思 / 147

第五章　引领伙伴沐浴信息滋养的专业资源开发 / 169

研修中的专业资源概述 / 170

由单一选择变为整体梳理 / 174

由简单利用变为多元挖掘 / 176

由单向输入变为多元互动 / 185

第六章　聚焦于内涵的教研组发展规划与文化创建 / 189

教研组"文化内涵"辨析 / 190

教研组的制度及其落实 / 194

教研组的发展规划 / 199

在潜心经营中培育团队文化 / 208

参考文献 / 229

后　记 / 233

引 言
审视团队中的"首席"

校本研修已成为学校培育教师专业素养的基本途径，而教研组则是实施研修的主阵地。学校教研组作为教师研修团队，同时作为"专业自治"的教师学术组织，在当前的学校教育教学研究、教师专业发展等重大领域，发挥着不可替代的功能。其功能具体体现在如下几方面：

（1）**研究并解决教学问题**。教师的研修活动主要源自教学中的各种问题与困惑，这是教师学习的主要动力来源。只有扎根于课堂的"临床"、基于问题解决的研究，才是教师所期盼和可从中受益的。

（2）**共享并创生教学智慧**。团队的实践探究活动也是伙伴之间知识共享的过程。在研究教学问题的过程中，不同经验背景、不同专业发展阶段、不同思维方式的教师相聚在一起，彼此交流，相互学习，在各自选择与思考中迸发出新的想法，提升思考水平，所谓的教学智慧也同时产生。

（3）**培养青年教师**。在我国，新教师来到学校，一般采用师徒带教的方式，以尽快让青年教师（或职初期教师）适应教学，站稳课堂。目前，这种带教已渐渐演变为青年教师所在教研组的团队带教，通过连续的听课评课，指出其不足，提出改进建议，帮助其夯实教学基本功，为日后的个性化发展奠定基础。

（4）**参与学校教学管理**。学校教研组是学科教学质量的重要管理者，首先要保证本学科的教学质量，同时，在解决课程与教学问题的过程中，教研组的智慧与经验是学校改进和完善教学管理的重要资源。不少教研组的经验告诉我们，教研组活动必须纳入学校教学管理体系，把来自一线的新鲜教学知识及时加工并补充进学校日常管理体系，实现教研效益向管理效益的及时转化。

鉴于上述教研组的几大功能，以教研组为组织形式的研修团队在学校课程与教学改革、教师专业发展中扮演着愈来愈重要的角色，发挥着越来越大的作用，而这个团队中的领头羊——教研组长，理所当然就成为了"关键"人物。"关键"人物就要具备"关键"素养，发挥"关键"作用，进而体现出胜任岗位的能力。

一、教研组长专业素养概述——一个描述性的框架

如果把教研组比作乐队，教研组长便是乐队的"首席"。教研组长应该是教学骨干或者高手，有较为扎实的课程与教学知识和组织才能，在贯彻学校办学思想中起主导作用，是学校与教研组之间的桥梁与纽带。在教研组长的带领下，教研组如同一支乐队，演奏出优美和谐的乐章。

检视文献，目前对教研组长专业素养的研究成果并不多，一般仅是在对教研组活动的探究中附带提及教研组长应发挥的积极作用；或是以组长个体经验体会的方式较为零散地描述其观点和做法；还有一些文献虽有总体描述，但理论性强，操作性不足。这些资源虽然让我们感受到教研组长的重要性，但尚缺少系统的经验梳理与深入剖析。由于对团队"首席"的素养缺少理论与实践相结合的系统探析，导致对"首席"角色认识仍较为模糊，一定程度上造成了对教研组建设理解的表面化和简单化。

一般认为，有一个好的组长才能带出一支优秀的教研团队。然而，按照现代管理理念，基于人本管理的目的是能够充分激活团队中每个人的内在动力，如同现代交通工具中的动车组，除了车头牵引产生的动力，各节车厢本身也有辅助性动力，两种动力合为一体，整体带动列车风驰电掣。如此观念下，我们需要进一步追问的是，这个好的教研组长究竟应该好在哪里？哪些

重要的素养在其中发挥了关键作用？只有澄清了这些，我们才能够把握这一群体的专业特点，进行有效的选拔、使用和培养，最终提升教研组的水平。

鉴于教研组"专业自治"的特点，教研组长是一个复合型角色，需具备多方面的专业素养。具体来说，可以从相关的学科专业知识、专业能力和专业品质等方面来描述教研组长的专业素养。

教研组长应具备本专业、本学科以及实施教学领导的基本知识，并通过具体的运用来体现教学的领导能力，具体内容可包括为两类专业知识、六种专业能力、五方面人格特质和两种思维品质。

（一）两类专业知识

教研组长要掌握的专业知识主要是课程与学科教学知识和执行与管理知识。

1. 课程与学科教学知识

①掌握本学科课程的基本架构、主要概念、核心思想等，理解基本要求与标准，对课程和教材的变革有比较清晰的把握。

②具有比较扎实的教学基本功和一定的教学经验，熟悉和掌握提高学生学习成效的主要方法策略。

③充分了解如何通过本学科的教学来促进学生的情感、态度与价值观的养成。

④熟悉和掌握教学质量诊断分析的基本程序方法。

2. 执行与管理知识

①领会本学校的办学目标，理解主要优势和教学计划。

②正确理解上级教学行政或业务部门（如学校、教导处）的主要教学任务与要求并组织落实。

③掌握一定的沟通与交流技能。

（二）六种专业能力

教研组长除了要具备学科教学和管理方面的专业知识之外，还应有相应的专业能力，主要有：

1．教学设计、实施和改进的能力

①准确把握教学目标、重点和难点，选择合适的教学方式，合理组织教学内容。

②依据学生的实际，及时调控教学进程，教学效果显著，能实现预期教学目标。

③能对教学中的目标达成、动态生成等情况进行自我分析，并能对后续跟进措施提出设想。

2．引领同伴共同努力的能力

①依据课程与教学的实际需要以及学校的总体规划和目标，确定重点，区分先后，统筹安排策划和组织有效的教学研究活动。

②在教学研究活动中积极为他人提供可借鉴的范例与思路，如课例、方案、思考路径等。

③通过观课等途径，体察和解读同伴的教学状况，发现他人的亮点与不足，了解他人的需求。

④能根据他人的实际，选择合适的评课标准和工具开展有针对性的评课。

⑤善于发现他人的教学经验或专业特长，在教学活动中及时传播共享，鼓励创造性的运用。

⑥合理分配组内同伴的职责和教学研究任务。

3．监测和控制教学质量的能力

①能根据课程标准，通过改编、创编、组合等手段编制科学合理的测试工具（如试卷等），较为准确地评估其难度。

②能按照学科知识和能力进行测试数据的统计分析，做出判断与解释，使之具有实际意义，并提出和落实改进教学的建议。

4．解决问题和做出决策的能力

①思考和行动有一定的预见性，能在恰当的时候做出决定或与人协商。

②能对来自各方的各种教学信息进行收集、整理和分析，并做出判断。

③在教学研究活动中具有想象和判断力，能及时发现和识别问题，捕捉探究的契机。

5．表达思想和沟通的能力

①进行有效的口头和书面交流，意思明确。

②在教学中理解他人需求并进行适当的沟通。

③有效主持教学研究活动，善于反思与改进。

6．有效安排时间和自我调节的能力

①合理安排和管理自己的时间，能协调自己的教学工作同教研组管理以及引导同伴开展研究的关系，做到平衡有序。

②能不断挑战新的目标，主动尝试新的行动方式。

（三）五方面人格特质

教研组长应具备的人格特质如下：

①良好的环境适应性。

②旺盛的精力与工作激情。

③对人热心而真诚。

④正直而有责任心。

⑤敏感而自信。

（四）两种思维品质

教研组长应具备的最重要的两种思维品质是：

① 综合融通性。判断不同事物之间的内在联系，并将其融合为一个整体加以考虑。

② 整体渗透性。把自己的思想、观点有意识地渗透于各项具体的工作过程与细节中。

上面的这一素养内容，我们可以用下面的框架简单呈现：

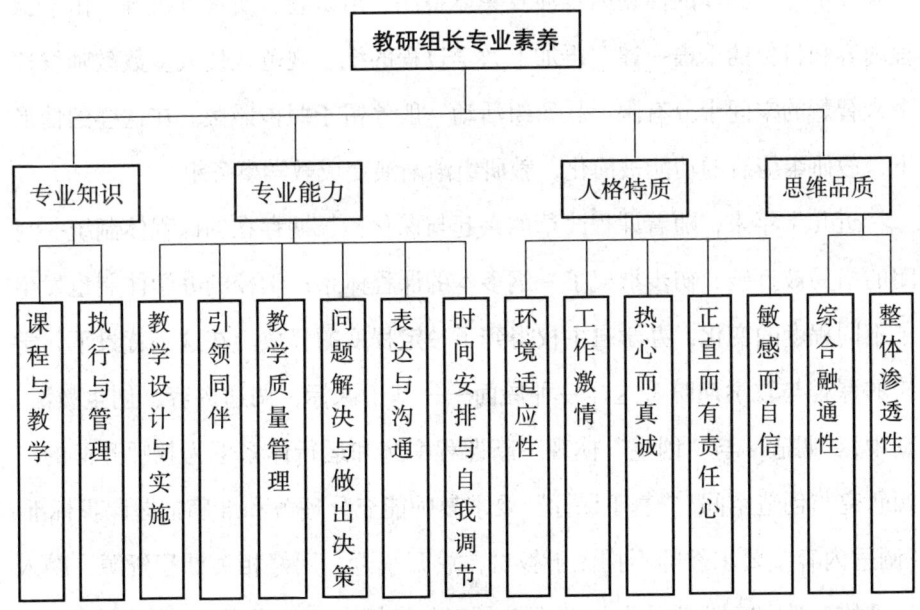

当然，上面的内容只是一个框架性的静态描述，教研组长的专业素养更多体现在具体情境和行动中，本书后面的各章节内容能够反映这一点。

需要指出的是，由于个性上存在差异，在具体的教学和工作中，教研组长往往表现出某些方面的特点和专长，如在日常工作中，有善于利用各种资源的沟通调适型、思考周全细腻的严谨务实型以及钻研善思的自主创生型等。

二、教研组长角色的渐变

我国独有的学校教研组组织形式由来已久，教研组长在这一组织中发挥着举足轻重的作用。随着学校课程体制和教学的变化，教研组长的角色也随之发生变化。长期以来，由于学校采用自上而下管理的体制以及大而统的课程运行机制，教研组长主要扮演着上通下达、落实及实施教学任务的角色；教研组的任务主要是统一教学要求，统一教学内容和进度，开展课堂教学研究和评价等，具体的活动内容涉及集体备课、出试卷、质量分析等。由于课程内容和目标的千篇一律，再加上教学过程的统一规范，使大多数教师发挥个人智慧的空间十分有限，教研组活动一般停留于照抄照搬。在这样的情形下，教研组应有的功能被简化，教研组渐渐演变成教学事务组。

近几十年来，随着课程改革的兴起与深化，长期存在的课程体制统一封闭的格局被打破，初步形成了一纲多本的课程体系；学校的办学体制也发生了不同程度的变化，办学自主权得到了一定程度的释放。在这一背景下，学校的课程与教学期盼着这样一种局面——基于课标，调适内容，创生教法。其中，"调适"与"创生"体现了新课程实施和运行体系下为教师开辟的广阔研究与创造空间。"基于课标"要求教师能充分理解和准确把握课程标准；"调适内容"要求教师不拘泥于教材，放开视野，用好相关课程资源，融入自己的教学；"创生教法"则要求教师充分发挥自己的聪明才智，不断创新，探索出行之有效的教学方法或策略。面对这样的时代需求，教师的内在活力得到了激发，教研组的功能得以重新显现，"研究"的成分大大增强，教研组长的角色也随之改变。其基本变化趋势可以描述为由单一的执行落实变为多元的自主创生，具体体现在以下几方面：

（1）**由关注琐碎事务转变为经常性思考教研组的本源性问题**。经验告诉我们，人们一旦长时间关注并忙于各种琐碎事务，有时会无意识陷入其中，迷失目标。新课改已进入攻坚阶段，各种问题层出不穷，矛盾错综复杂，教研组承担了越来越多的任务。无论工作多忙，教研组长都需要学会暂时抽身，思考教研组的一些本源性问题。所谓"本源性问题"，在哲学层面是指事物最初的根源或构成世界的最根本的实体；就教研组建设而言，本源性问题包括多层面的内容，大到教研组（备课组）的基本功能是什么，小到某次研修活动的具体目标有哪些等。如果教研组长具有经常反思本源性问题的习惯，那么他的行动就不会失去方向。

（2）**由上通下达的信息传播与落实转向主动的思考与策划**。在当下层级式教学管理体制下，从教研组长的工作方式看，上通下达，将上级教学管理部门的任务和要求及时传达给组内教师并加以落实，是组长的基本任务。然而，仅仅如此显然不够，这容易使教研组长陷入琐碎事务，甚至疲于奔命，忙于应付。首先，信息的多重传递会产生衰减或变异，如何准确理解与领会、怎样把握核心并统筹，需要教研组长思考、判断与选择；其次，如何将上级的教学任务（含升学要求）转化为切合自身实际的具体研修活动，需要教研组长进行创造性的策划。在当下，让教研组长传统的"二传手"角色富有智慧与个性显得尤为重要。

（3）**由一般性的统筹管理转向精细化的引领同伴**。如果仅将教研组视作学校中某一层面的教学管理组织或机构（实际上这是目前的普遍现象），那么教研组长的职责就是做好该组织内部的管理与统筹，安排好各项常规工作，保证机构的正常运行，这无疑是教研组建设的基础。但是，新课改的需求已不满足于此，既然要回归到教研组是学习共同体的本源，那么就需要彰显一个核心功能——助教师专业发展。教研组长在完成组内各项任务的过程中,要有既见事更见人的眼光,时刻关注同伴的需求,以任务为驱动,系统考虑,精细谋划,在成事中成人。

(4) 由单纯的发挥学科骨干指导作用转向培育教研组文化。目前,有不少文献对教研组文化建设提出了各种观点和主张,而一线的教研组长和教师却总感到"文化"比较虚幻和遥远,可望而不可即。从文化建设的角度思考教研组建设是值得提倡的,教研组文化的形成是教研组建设的理想境界(可能是最高境界),但它并非华丽辞藻的描述,而是组内的氛围,是在共同愿景导向下,组内全体成员不懈努力的自然结果。期间,教研组长要对本组的发展有前瞻性、战略性的思考,脚踏实地,一步步努力,在渐变中孕育教研组的文化。相关内容将在第六章具体阐述。

综上所述,我们不难看出,教研组长的角色由单一的执行落实变为多元的自主创生,不仅是工作方式等技术操作层面的变化,更折射出其思维与观念上的跃升。这一跃升无法一蹴而就,需要在实践反思与自我修炼的过程中自主渐变。

三、教研组长的修炼

上面我们对学校教研组长的专业素养进行了框架性描述,并对新背景下教研组长角色的渐变做了大致阐述,体现了现代学校转型发展中对教研组长专业素养的要求,也对其思维和工作方式提出了新的挑战。诚然,除了需要在选拔、使用和培养等外部领域进行改革完善,教研组长也需要进行内在的修炼。从那些优秀教研组长的经验中,我们可以发现,教研组长的自我修炼可以从以下三方面入手:

(1) 自我增压。香港大学教育学院徐碧美教授通过对三位不同专业发展阶段教师长期的案例跟踪研究,提出了教师专业发展的关键经验之一是"在自己能力的边缘工作",即"超越本身目前的能力水平而去学习新技能和新知识"。作为教研组的"首席",教研组长要率先挑战自我,除了在学科教学上要精益求精、提升话语权,还要不断思考教研组建设与教师团队的发展。

(2) **自我反思**。反思是教师专业成长的基本途径,无论是对自己的教学,还是对教研组的工作,教研组长除了需要具有反思的意识和习惯,还要学习反思的方法和策略,掌握反思的视角与切入点,做到科学合理地归因,进而做出正确的判断与决策,不断夯实专业基础,在成就同伴的过程中成就自己。

(3) **自我调适**。如前所述,教研组长需要具有一定的心理调控能力,因为教研组长不仅要带班上课,承担繁重的教学任务,还要担负全组研修活动的开展与管理工作,多重任务集于一身,难免会出现内心的冲突和焦虑。这时,除了争取伙伴的支持和领导的关心之外,教研组长要学会积极调适心情,以开放和阳光的心态悦纳自己,进而影响他人,在团队中传递正能量。

延伸思考 >>>

(1) 学校教研组与年级组在功能定位及作用发挥上有何差异?

(2) 在现实中,教研组长的多重角色是怎样体现的?

第一章

在担当中的自我调适

教研组长的专业素养不同于一般教师，这里的"自我调适"也不仅限于心理层面，它是指作为教师研修团队中的"首席"，教学骨干在从普通教师转变为教研组长过程中角色的重新定位。然而，角色调适与定位并不容易，在这方面，不少组长深有感触。下面两位教研组长的感言便是真实写照：

组长甲：尽管我对工作倾注了全部的热情，但我发现，现实与理想有很大差距。我们组有9位教师，老、中、青都有，我是年纪最小的。大家来自两所学校，有着不同的教学经历，更有着不同的思想境界。每周一次的教研活动难以顺利开展，经常是9个人虽然到齐了，心却不在一处。几个青年教师常闲聊题外话，当我提醒他们时，他们不以为然地笑我太一本正经；老教师常常在教研活动时间批阅作业，我提议是否能停一下，他们嘴里客气地应着，笔却不停下来，碍于他们是老教师，我拉不下面子，便不作声了。教研活动在松散、无趣的氛围中难以发挥应有的作用，我很痛苦，年轻的我感到力不从心了。

这时，我真正感到了教研组长难当，看来我将不得不接受来自新岗位工作的挑战了……

这位组长所面临的尴尬，初次主持研修活动的教研组长可能也会遇到，尽管情形各不相同，程度上也有差异。这或许只是开始，其背后的原因是多方面的，需要教研组长认真思考。

组长乙：角色变了，但我发现我的思考角度很有限。由于当时校领导让前任教研组长协助我工作，我遇到困难总是向她求助，经常往她的办公室跑，以至后来人未到她的办公室，她办公室的老师听脚步声就知道是我。时间一长，有位老师意味深长地说："你又来啦！"当时听了这句话，我感觉有些不自在。甚至不久后，校领导也在教研组长会议上再三强调，学校教研组长要对教研工作有自己的主张和创新，要有自己的思考，我马上想到了自己的举动，觉得有些羞愧。说到底，我还是没有放下包袱，在工作中太束手束脚了；过多地依赖别人，不可能推动工作的前进。这样想明白之后，我就告诫自己，每次做计划时，要先自己多考虑设计方案，再征询他人的意见。慢慢地久了，对自己的信心增强了，我严谨的工作态度与责任感也为我们英语组每位教师所熟知了。我清楚地记得最初组织教研活动时，由于紧张，我往往只讲只言片语就会卡壳，组员们还常说我"怎么又脸红了"。于是我就特别留意关注他人发言时的表情与言语，同时在每次教研组活动前精心计划，认真备课。渐渐地，我在活动时消除了胆怯的心理，与全体组员融为一体，也得到了校领导和组员的一致肯定……

在这个案例中，这位教研组长或许是出于对前任的尊重，或许是需要帮助，无意之中迷失了自己。成为一名好教师，需要自身的努力；成为一名好的教研组长，仍然需要独当一面，自主才能自立。如果一开始就坚持"我才是教研组长"，并考虑如何利用好身边的资源，也许开头的一幕就不会发生了。当然，经历也是一种宝贵的财富，内在的觉醒和领悟更是令人刻骨铭心。

上面两位教研组长的叙述具有一定的代表性。一般来讲，新教研组长的角色启动往往是从第一次主持教研活动开始的。从骨干教师转变为教研组长，每个人都会在自己的心目中有一个组长形象的"自画像"，这体现出一种内心的期望与角色认知。然而，一旦开始行使职责，现实情况同理想的差异很快就会显现，角色调适也就开始了。

无论是学科本体性知识，还是与之相关的教学法知识，这些学科专业素养对教研组长的要求更高；另外，作为复合型角色，教研组长还需要具备一定的执行、引领和管理的知识与能力，也就是通常所说的岗位工作实务。学科教学素养与岗位工作实务，共同成为教研组长展开角色调适进程的媒介，两者相互作用，协调发展。那么，如何立足于岗位，主动积极地进行自我调适，让自己由新手成为熟手，再由熟手成为高手？本章将结合实例进行探讨。

兼收并蓄，夯实专业底蕴

所谓兼收并蓄，就是尽可能通过各种途径，学习吸收专业知识，完善自身的教学与岗位知识体系。那么，教研组长的专业底蕴是什么？毋庸置疑，就是本学科的本体性知识与相关的教学法知识（或统称为学科教学知识），它们是教研组长提升专业话语权的核心和基础。这方面的知识缺失或者薄弱，将严重阻碍教研组长行使岗位职责，正如一位教研组长所言："自己在教学上拿不出新东西，其他教师就不会服你，组长也就无所作为。"另外，专业底蕴不够厚实，客观上也会极大地削弱教研组长的专业自信。

目前，教研组长大都是学校中的教学骨干，从教师专业发展的生态化过程来看，他们均处在成熟期，不少人表现出教学上的某些特长，一般都具有较扎实的学科本体性知识、较为丰富的教学经验与社会背景性知识，有的已成为佼佼者。未担任教研组长之前，教师可能对这些未必有清醒的自我认知，甚至可能习以为常；一旦被任命为学科教研组长，岗位需要的驱使会使之产生学科教学知识的缺失感和进一步学习的紧迫感，进一步的钻研和学习也就成为这些教研组长的首要需求。

一、刻苦钻研，形成自己的学科专业特长

最能引领教师发展的要素是教研组长的专业特色。特色的形成看似要求颇高，难以做到，但实际上并非如此，关键问题是你是否了解自己——你的兴趣是什么？你的优势在哪里？你的生长点又如何？想清楚了这些问题，自己的学科发展方向也就明朗了。下面是一位小学语文教研组长的自述：

当上了教研组长后，我承受的压力陡然增大，用什么来引领大家？怎么让同伴内心服我？我苦苦思索，是自己多开一些研究课，还是多承担些工作？思来想去，我脑海里的头绪渐渐清晰了。多年来，我致力于我国传统小学语文教育教材的研究与实践探索，面对外界的不解和嘲笑以及来自某些部门的漠视，我都矢志不渝，永记初心，向着既定的方向努力。我先后有十余万字的研究文章刊载于省级及省级以上教育期刊，有两篇文章被《读者》杂志及各大门户网站转载，所编数种研究书籍由国家级出版社出版发行。担任了教研组长后，我要更加努力和钻研，拿出真本事。

以"民国国文课本的整理与传承"项目为例，为了全面把握民国小学语文教学研究情况，我以一己之力，先后收集了百余种民国原版教材、几十种研究专著。近十年来，我几乎将所有的业余时间都投入到资料的收集与整理上，泡书店、逛书摊、外借复印、汇款邮购、图书馆抄录……我对这些教科书、专著、论文进行系统的阅读、批注、整理、分析，这极大地拓展了我的视野。在学生读本的编选方面，我先后参与了两套大型丛书：《新经典日

日诵》和《我的母语课》的编选工作。《新经典日日诵》共12册，我编选了10个单元，2011年10月由湖北教育出版社出版发行。《我的母语课》分为A、B级，也是12册，我编选了11个单元，2013年3月由青岛出版社出版发行。这两套书涵盖了我项目研究的全部成果，一套作为经典诵读教材，一套作为文学教材，已被全国多所小学选为语文课外必读书。2014年5月，我在民国小学作文教学方面的研究成果被《小学语文教师》杂志全文刊载，我还当选该期封面人物。2015年8月，我编著的《小学文言启蒙》由上海科学技术文献出版社发行出版，该书是对我近阶段研究的一次小小总结，但绝不是研究的终点。

如今，我在小学语文教材的研究方面取得了一定成绩，渐渐显露出自己的专业所长，组内同伴在教学中遇到问题和困难都来向我讨教。在与他们的互动中，我感到莫大的鼓舞，这是对我多年钻研语文教学的肯定和回报，我深信教研组长获得专业话语权的第一要义是：找准方向，坚持不懈，咬定青山不放松。

这个例子比较典型，它给予我们以下几点启发：

（1）要对自己的学科专业生长点进行梳理和捕捉。如果满足于曾经的成就（如上过的公开课、获得的奖项），只有一般化的教学经验（条件性知识和背景性知识），水平只是略高于组内大多数老师，那么你的指导和引领作用是有限与不可持续的，一旦研讨深入，话语权就会丧失。所以，形成自己学科的专业特长理应成为教研组长的长期专业追求。

（2）专业特长的形成需要长期和艰苦的努力。这位教研组长研究小学语文教材可以说是如痴如醉，无论是工作繁忙，还是面对外界的不理解，都矢志不渝，永记初心，终于小有所成。所以，排除困难，执着与坚持十分重要。

（3）形成专业特长需要做"项目"。这位教研组长对"民国国文课本的整理与传承"的研究经历告诉我们,自己学科专业上的生长点往往需要用合适的研究项目加以聚焦,通过一个项目的研究探索,让原先点状甚至碎片状的教学知识系统化与结构化,进而孕育出新的知识,在研究中掌握方法,在研究中锤炼经验,在研究中渐渐形成自己的学科特长。这样,教研组长在本学科就始终行走在同伴的前列,并牢牢掌握话语权,也就无惧来自专业指导和引领需求的各种挑战。

二、捕捉各种机会,寻找学习的契机和切入点

与一般的教师相比,教研组长承担着落实各项教学任务、组织策划教研活动、实施有效教学过程质量管理、引领团队共同发展的重任,因此,有更多的机会在一个较以前更高、更宽的专业平台上吸收学科教学知识。但是,并不是只要有了机会和平台,继续学习就行了,关键是是否善于捕捉并找到学习的切入点,并充分利用好机会与平台,向专家请教,向高手学习,正如下面这位教研组长所说的:

要求学生勤奋好学,教师自身也应是勤奋好学的;同样,要求本组老师勤学善思,教研组长也应是勤学善思的。一直以来,我从未放松自身的学习,成为教研组长后,更是有一种强烈的危机感和紧迫感促使我利用一切机会给自己"充电"。

我先后两次参加了区教师进修学院举办的语文教师教学研修班,获取了许多现代教学的理念和方法,这给我的教学实践以极大的启发和帮助;因学校经费有限,我就自费、利用业余时间参加"课程与教学论(语文)"专业研究生课程班并顺利结业。这一年多的学习,既是温故,更是知新:了解了本专业领域中最新的发展动态和研究成果,更新了已有的知识,我的教学教研更有"底气"了。

近几年来，我一直是区初中阅卷中心组的成员，我将此看作义务、责任，也把它当作一种学习。在各类阅卷活动中，我仔细揣摩命题思路，把握答题要点，分析学生情况，反思教学对策，同时，我也把"命题"作为提升本组教师业务能力的一个抓手，分析中考命题、交流相互间的命题情况也是教研活动的一项常规工作。

一切的学习最终都是为了更有效地开展实践。为此，我积极参加学校的各类教学研究展示活动，这既提高了我的业务能力，也为本组老师提供了可讨论的课例。比如，近几年研究的《小巷深处》《诗话两则》以及《古诗的分类》等，我都尝试着引进一些新的方法或理念。学以致用，积极参与，作为教研组长，我应该做出表率！……

这段朴实的自叙文字，描绘出这位教研组长的钻研之路，初步梳理一下，可以发现三个特点：

（1）**系统"充电"，整体提升教学理论水平和境界**。通过高一层次的学历进修，达到温故而知新。这是因为作为师范类毕业生，已系统学过相关的学科教学理论，"但是坦率地讲，那时的学习只是一名毫无教学经验的学生为了完成学业（甚至是应付考试）而间接吸收的知识，并无切身感受"（来自教研组长的感言）。如今，经过多年的教学体验，在自费系统学习"课程与教学论（语文）"专业研究生课程之后，无论是在实践层面还是在理论层面，他对语文教学的认识都有了新的整体性提升，相信这种"提升"是实质性的，因为此刻学习的动力源于内需，是"我要学"，这位组长先后两次主动参加区语文教学研修班的学习，这些学习经历能与自身的实践经验相互沟通并产生积极的互动，进而能够内化并加以运用。所以，教研组长基于岗位需求而进行系统学习是必要的，它能改变思维方式，解构经验结构，教研的"底气"也就足了。

（2）**利用专项任务寻找学习的切入点**。除了系统参加专业课程学习，整体提升学科专业素养之外，这位教研组长还担任了区阅卷中心组成员，既将这项工作当作责任和义务，也把它作为专业学习的契机，深入钻研有关科学命题的专业知识。这一举动看似切口很小，但对教学的影响至关重要，关系到对课程标准的理解和解读，关系到对教学内容的处理加工，也关系到对学情的前端分析和课堂教学的实施，于是这位组长意识到命题背后潜藏的学习资源，以此为切入点，展开扩展和延伸性的学习与实践活动。类似的情况很多，教研组长往往会承担较多的上级业务部门交付的任务，比如命题和阅卷、组织公开课、开展教学竞赛、参与编制教学手册等，这些任务和工作中往往隐含着诸多值得学习吸收的教学知识，问题是你是否意识到、有没有这方面的专业敏感度。

（3）**在组织本组研讨时率先学习**。在这个案例中，教研组长先后以各类典型课例的研讨活动驱动自身的学习，也就是围绕教研专题，自己先学先试，转化传播，学以致用，这种即学即用、即学即导过程本身就是一种很有效的学习。

三、与同伴互动，发现不足，弥补知识缺失

就一门学科而言，尽管教研组长都具有一定的教学经历，不少曾承担过各学段的教学工作，比较熟悉本学科的内容体系和重点难点，但是或多或少还存在着某些缺憾和不熟悉的地方，如何兼顾学科教学知识的"专"与"广"，建构起自己更科学合理的教学知识经验体系，也是组长在专业学习中需要思考的问题。这方面的例子很多，下面是一位小学语文教研组长的自述：

二年级的许老师比我小一岁，是学校的骨干教师。通过多次听课，我发现她对待每一堂课都很花心思，不仅教学功底扎实，而且对教学充满热情。她在教学上有什么问题都喜欢来问我，总说自己一直教低年级，心里没底，要向我多请教。她的真诚话语常常让我汗颜，虽说我各年级都教过，但

多是担任中高年级的教学，对低年级的教学我还真没什么把握。巧的是，这一年，许老师报名参加区教学比赛，校长关照我指导她参赛，我的心里是"十五个水桶打水——七上八下"。可是，身为语文大组长，怎么能在别人需要时说"我不行，我只会听课，不会指导"呢？看来，这回我非得"打肿脸充胖子"了。在"充胖子"前自己必须"进补"一番。

我首先反复钻研低年级课文，吃透教材；然后听许老师的试教，再改教案，再试教，我们一起经历了不平常的磨课。她执教的是《司马光》一课，设计了请学生戴上头饰表演"司马光砸缸"。低年级的孩子最喜欢表演了，试教中，课堂气氛热闹活跃，她对这一环节设计颇为满意。可是，我却觉得这种热闹在课堂中并不可取，为表演而表演，不是语文学习的初衷。语文学习应该关注学生语言能力、思维能力的培养，虽说是低年级教学，但语文学习要求不能改，语文味儿不能变。我提出，把这个环节改成让学生边读边在座位上做动作，挤出的时间开展诸如"还有什么好办法救小朋友""想对司马光说什么"的说话写话练习。说实在的，提出这个建议，我有顾虑，低年级的孩子能当堂写吗？写得出吗？如果是我自己参加教学评比，因为这样的设计而落选了，我心服口服；可是，现在我在指导别人备课呀，如果我的建议是个败笔，导致她落选了怎么办？提出这个教学建议后，我立即又去翻阅有关理论书籍，我发现，自己的设计符合课改要求。课堂上，教师应该注意培养学生多方位、多角度思考问题的能力，与纯粹的表演相比，这样的训练环节使得语言训练扎实，也包含了更多的思维容量。我与许老师沟通后，得到她的认同。在不断调整教案后，我一遍遍听她说课，并陪同她一起带学生外出参赛。其实，那段时间我比自己参赛还紧张，可是为了给她打气，这份紧张只能自己悄悄化解了。功夫不负有心人，许老师在教学评比中获得了一等奖的好成绩。我在为她高兴之余，也悄悄松了口气，这次"充胖子"可真让我紧张了一回，它要求我熟悉低年级的教学规律，"逼"我再次自我加压。

可以说，这位教研组长非常关注自己的专业状况，对自己有一个客观的认识，这可以从两个地方看出来：

（1）**主动学习，钻研教材**。接受指导青年教师上公开课的任务后，首先意识到自己对低年级语文教学并不熟悉，指导起来可能没有把握，于是主动学习，钻研低年级教材，力求有专业话语权。

（2）**钻研相关文献资料**。主动调用已有经验，对教学的某些环节处理提出改进建议，同时为了言出有据，进一步学习钻研相关的文献资料，以增强建议的科学性和针对性。由此可见，教研组长需要一点教学上的自我效能感（即个体对自己是否有能力完成某一行为所进行的推测与判断），在与同伴的积极互动中敏锐地感知自身的不足，主动学习，弥补短板，成为既有专长又有一定知识宽度的学科教学行家。

教研组长与团队教师朝夕相处，在教学工作和日常生活中接触沟通的机会很多。古语说"三人行，必有我师"，问题是能否意识到这个"师"是谁？他高在哪里？另一方面，组长理应承担起引领和指导的责任，无论是研究课、公开课的筹划设计，还是策划组织教研活动，都会遇到不熟悉的情况，这就产生了学习需求，驱动组长进行补救性、扩展性"充电"，从而实现专业上的"进补"。

主动沟通，充当团队中的"润滑剂"

教研组不是封闭的系统，教师也不是置身于真空之中，教师间、教师与领导间，有时会产生摩擦。这里的"润滑剂"仅仅是一种隐喻，意指当教研组内出现矛盾与冲突时，教研组长怎样做出正确的判断，进而采取合理而有效的方法予以化解，促进团队的和谐发展。

在担任教研组长之前，教师更多的是关注自己的教育教学工作，与同伴之间的关系是平等的，相对而言，面对的矛盾冲突不是很突出；然而，一旦担任了组长，情况就不同了，无论是组内教师，还是组长，由于各自潜在的利益关系，加上原先的平等关系变为上下级关系，内心都会产生一些微妙的变化。在这种状况下，教研组长在处理人际关系上应如何调整，面对随时可能出现的各种矛盾甚至冲突，该如何应对并加以化解呢？为此，我们可以从下面几方面进行思考。

一、心胸开阔，求得理解

教研组是由不同教师组成的，他们的经历、个性等存在明显差异，教研组长需要学会与不同秉性的人打交道，以求得理解。下面是两位教研组长的经历。

经历一：面对如此"礼遇"

炙热的夏季还是随着一声闷雷到来了，狂风暴雨以横扫千军的气势向初生的嫩芽发出了示威和挑战。由于我身怀六甲，所以没有继续跟班至高年级，新一轮的合作又将开始。

她是一位极要强的语文老师，年长我几岁，还担任了本年级的备课组长。按学校规定，单元测验的命题工作应该由各备课组长承担。第一次单元结束时，她非常谦虚地和我说："您是教研组长，经验比我丰富，这次测验就请您来命题吧。"尽管在话中我也听出了一些弦外之音，但我不愿往那方面去想。在我力所能及的范围里能多做一点儿就多做一点儿吧，俗话不是说

"吃亏就是福"吗？

可事情并非那么简单，有了第一次，就有第二次，连续几次她都非常客气地把备课组长应该完成的工作转嫁给我，理由就是我是教研组长，工作经验丰富，能力比她强。有些同组室的老师见我挺着大肚子忙来忙去，有些看不过去，暗示我"马善被人骑，人善被人欺"，但我又不能直截了当地挑明希望她在其位谋其政，一旦关系搞僵，对我的教研组长工作也是不利的。

于是，等到这位老师在办公室里时，我会时不时地讲两句诸如"哎呀，昨晚出试卷又到11点，今天脚都浮肿了"；"我的教案缺乏新意，今天备课组开展活动时，要烦劳您指点一下"，平时主动与她多沟通，她冷脸时仍笑脸相对。也许是她意识到这样做有点过分，开始有所收敛。

而当我产假结束恢复工作时，她正好也怀孕了，我完全可以也让她尝尝我当时得到的那种"礼遇"，可我没有，我主动替她分担起了备课组长应该完成的联考命题等工作，当她去产检时，我又代她进班上课。当她不好意思地对我说"谢谢"时，我笑着对她说："没关系，我知道怀孕时工作的辛苦，何必要相互为难呢。"宽容的胸怀可以化解许多不和谐的音符。

说实话，当时我的第一个想法是把这件事告诉学校领导，但后来我还是没有这么做，因为这可能会激化矛盾。在和各种类型老师打交道的过程中，教研组长要有"海纳百川，有容乃大"的宽容胸怀，但同时也不能失去自己的原则。以德报怨比针锋相对更能营造融洽的人际关系。

在这个案例中，面对个别同伴的故意"刁难"，教研组长不是以牙还牙，而是采取了一种比较策略，让对方感受到自己的苦恼与无奈，与同伴间的隔阂得以消除。这个案例还告诉我们，教研组长的"权力"主要是对部属的"影响力"，教研组长要把握"影响力"，这比拥有"权力"更为重要。教学的领导力不是一种"角色的权力"，而是一种"信赖的权威"。

经历二：一场印象深刻的"较量"

刚踏上组长岗位时遇到的一件事情至今令我记忆犹新。同组中有位男教师，年龄稍长，大家戏称他"电熨斗"，因为他的教育方法虽然有些教条，但再差再乱的班他也能"烫平"。"不怕差，只要抓"成了他的口头禅。可是我发现这位"新搭档"明显对我不友善，平时对我爱搭不理，还拒绝我听他的课，甚至当我进他的教室传达有关教学任务时，人还未进教室，他就把门"砰"地关上，着实让我吃了几次"闭门羹"。

后来校长找我谈话我才知道，原来这位同事对我不屑一顾，他认为自己抓差有方，教龄又比我长，应该由他担任教研组长。有意思的是，他还向校长提出，向我挑战，比比谁教的班级成绩好。

这时，我真正感到了教研组长这个角色并不好当，看来我不得不接受来自新岗位工作和同伴的挑战了。这将是一次有意思的"较量"，也正是这次"较量"使我变得成熟起来。

应对挑战，自己首先应该有过硬的业务能力，我曾多次在区内进行公开教学，教学能力提高得较快，但要胜任现在的工作，这些是远远不够的。那时，师傅每周来听我的课，而后评课，我就邀请教研组其他老师一起参加。这样，无意中每周都有一次组内的公开教学活动。我跟着师傅钻研教材、备课、上课……忙得不亦乐乎。在我的带领下，组内教研气氛渐渐浓了，我的课堂教学受到全校老师的好评。有了心得之后，我开始主动写论文。我的《让写作成为学生自身发展的需要》一文获得了全国小学语文教学论文一等奖，还有数篇论文在市、区刊物上发表，我也有幸参与了市二期课改小学语文教参的编写工作。

我的生动、富有激情的课堂教学受到学生的喜爱，我还常利用课余时间带领学生开展活动或为学生抓差补缺。在师生的共同努力下，在区五年级语文质量监控中，我班获得了全区第一名的好成绩。那一年，我获得"市园丁奖"。

渐渐地，我发现我的"竞争对手"对我的态度有了改变，也许是对我有些刮目相看了吧,虽然还是有些冷漠,但不再给我吃"闭门羹"了。

他不理我,我偏理他。他连续几届执教毕业班,教材比我熟,经验比我多。我经常真诚地向他请教,教研组里的事会先听他的想法,让他为我们出谋划策。我们开始有了交流。

五年级下半学期,他买了一套住房。新房虽小,对他来说却是一件大喜事,于是,我提议我们教研组的全体老师到他家做客,为他送去生活用品以庆贺他的乔迁之喜。那天,他的小屋充满欢声笑语,他的脸上也漾起笑容。

这以后,我和他也越来越能轻松地交流、沟通了,教研组的工作也能顺利地开展了。我开始感到我们的教研组是一个"心往一处想,劲儿往一处使"的集体了。我从心底里为之感到高兴。

担任教研组长第一年的经历使我感到,不同的人有不同的性格,教研组长要与组内老师合作,就必须有思想准备,包容每一个人的脾性。只有重情感交流,才能建立起充满人文关怀的教研群体。

首先,面对同伴的不服气,这位组长体现出难能可贵的大度与涵养,因为她意识到,不服气事出有因,不是没有道理,唯有自己更加努力,勤勤恳恳地夯实专业基础,做出成绩,才能改变这一局面;其次,这位组长并不因为他人一些不在理的行为而耿耿于怀,而是主动沟通,虚心学习,以自身的言行感化对方,求得对方的理解。

基于此,教研组长有时在工作中可能需要吃一点亏,但这并非是懦弱的表现,恰恰相反,它正是一种人格魅力和修养的体现,那就是豁达、克制、温和与含蓄。事实证明,要做到这些不容易,有时需要较强的情绪控制能力。

二、细究归因,协调共生

教研组长承担着组内繁重的教学管理和教研组活动策划工作,靠组长一人显然不行，事情需要大家一起做，其中对各项任务的布置及分工是重要的一环。比如，一位组长曾经这样说："要让每位成员都有事可做，有所担当，获得专业上的尊重……根据每人的工作量，随机调整，尽可能做到分担合理，控制在可承受的范围内。"这样做是基于对组内教师实际情况的了解和把握，充分调动大家的积极性。

小团队内的教师的个性及行为方式各有不同，在安排组内各项工作时，往往会发生矛盾甚至冲突，组长需要对原因进行分析，对症下药，破解问题，缓解矛盾。下面是一位中学化学教研组长的自述：

组长的工作之一就是协调组员的关系。在这件事上，我有失败的经验。由于班级数较少，我们只有初三是有独立备课组的，其他的教师都是跨年级教学。去年，初三化学的成绩有较大的滑坡，现在回想起来，虽然有一些客观原因，但当时备课组内两位教师沟通的问题没有及时解决也是主要原因。因为我们组年轻而且团结，再加上我在高中组时没有遇到教师沟通问题，所以我主观地认为教师之间的沟通应该不成问题。

在安排初三备课组长的时候，我只是从给更年轻的教师压担子以使他获得锻炼的角度出发，安排了两位教师中较年轻的一位任备课组长，随之而来的后遗症让我意想不到：同一个备课组内，两位教师各教各的，谁也不服谁，造成了教学中练习不统一等情况，再加上教师的个人原因，各班的成绩有了明显的差异。当时，我只看到了成绩的差异，以为只是个人教学上的原因，所以只是从个人教学角度和那位较年轻的教师谈了一次，并未深究备课组的问题，现在回想起来，是我对工作的看法过于主观，没有深入了解，致使这个问题一直没有得到很好的解决，因而对教学成绩也造成了一定的影响。

原来大家任教不同年级的时候，没有直接的利益（如班级成绩等）冲突，一旦任教同一年级，资历都差不多，就会有谁也不服谁的情况出现，因此对备课组长的选择需要慎重，如果选择年轻的培养对象，组长应该给予更多的支持和帮助，而不仅仅是任命了组长了事。

找到了原因，今年，我对新的初三备课组人员进行了分析。组内有三位教师，其中两位领导兼课，所以一位全职教师理所当然就成了备课组长。因为办公室不在一起，他们三个平时见面机会不多，开学几个星期后，有一位教师就向我反映，在测验时间安排上缺少沟通。吸取了上次的教训，我先听了这位教师的想法，然后找另一位担任领导的教师了解情况，询问她是否也碰到了同样的问题以及平时她和备课组长的沟通情况。结果发现，有些问题并不严重，有些问题则是对教材处理上的意见不够统一造成的。于是，我先和三位教师交换意见，并在教研活动中进行协调，使他们在测验、练习、补课等问题上取得一致看法，较好地解决了沟通问题。前段时间，我又和他们个别交流了一下，得到的反馈是合作愉快。

这个案例给我们的启发是，教研组长的工作需要细致而深入，对组内各项工作要做到心中有底，为了减少和避免同伴之间的矛盾，需要对可能出现的情况有所预估，预防在先；同时，对组内出现的各种小摩擦、小矛盾不能感情用事，简单处理，而应该及时把脉，细究原因，做好协调工作，共同发展。

另一方面，教研组是连接学校领导、教导处和教师之间的重要桥梁，在日常教学工作中，组内教师往往有许多合理的诉求需要及时向上级反映，此时，组长就需要发挥积极的沟通作用。下面是一位初中英语教研组长的体会：

作为教研组长，首要任务是处理好与校领导、组内教师的关系。上有学校领导，下有众多组员，教研组长处于"中间桥梁"的位置，必须及时听取领导指示，虚心请教老教师，积极鼓励新教师，真正起到承上启下的作用。

去年初，我着手进行三所学校间的听、说技能比赛的准备工作。比赛是一种形式，只有长期积累和总结，才能提高教师的教育教学水平。为了在听、写技能比赛中取得好成绩，我计划利用每两周的教研活动时间，选用一套"美国之音新闻听力"教材，组织参赛教师进行"听"的训练。但几次教研活动下来，大家都发牢骚：平时的教育教学任务都比较繁重，外出的教研活动也较多，这两周一次的教研时间能听多少内容，更何况英语的听力不是一朝一夕就能提高的，而是靠每天的积累，希望学校能让教研组内每位教师人手一册，在家中自己进行"听力"训练，以保证每人每天的"听力"训练量。我及时把这一意见反映给了学校，当时，学校领导有点顾虑，考虑到当时学校的经费安排，一下子难以满足。我并未放弃，而是积极提供建议，帮助领导想办法，终于得到了领导的支持，并很快给予了解决，大家积极性更高了。有一天中午，我有事去找一位年纪较大的备课组长，看她胸前挂着MP3，以为她在听歌。上去一问，原来她让女儿把我们这套听力的内容复制到了MP3中，随身带着，有空就听。我感到莫大的安慰和鼓舞，小小的沟通解决了大问题，看来组长需要当好这个桥梁。

　　这件小事看似简单，实际上需要一定的勇气和智慧，因为在处理上下级关系，尤其是需要向上级反映老师们的需求时，不少组长会有顾虑，甚至难以开口，只能自己承担，造成了精神压力和负担。实际上，老师们的需求大都是比较合理的，作为上下级之间的沟通者，只要排除私念，从教研组建设和教师专业发展的大局出发，及时反映教师的呼声，帮助教师排忧解难，一定能够得到大家的支持和谅解。当然，其中还需要掌握一定的沟通技能和技巧，向上级反映不仅仅是简单的传达下情，更需要积极地提出建议，帮助领导出谋划策。

　　显然，除了处理好本组内部的各种矛盾以及与上级领导的关系，教研组长还要以一种开放的心态处理好与其他教研组之间的关系，防止形成自我封闭的小团体。需要特别指出的是，教研组长要当好团队中的"润滑剂"，不能简单地理解为回避矛盾，你好我好，搞一团和气，更不是倡导八面玲珑，大家都不得罪。实际上，这样不仅不能解决问题，而且可能把事情弄得更糟，因为工作中的矛盾、教师的愿望和领导的意见总是客观存在的，无法回避，可行的做法就是无论自己是何种性格或处事方式，都要在坚持公道和原则的基础上，运用自己的创造性智慧充分沟通，在团队中散发正能量，携手共进，使教研组的各项工作有序、有章法地开展。

当然，这需要一定的勇气，也离不开一定的经验积累和磨炼，正如一位示范教研组长的感言："当了教研组长，有人会问我：教研组长无权无势，用什么去影响和要求其他老师？多年的磨砺告诉我，始终相信只有真诚才能赢得真诚，将心比心，自己吃一点亏也无所谓，团队和谐，大伙干得愉快就可以了。"另一位教研组长也深有体会地说："组长工作很杂、很忙，问题挺多。我解决这些问题的秘诀就是'四多'，即多想一点，多干一些，多说一句，多应一声。"

胸怀善意，为同伴服务

笔者曾经遇到过这样两个案例。

【案例一】某学校的一位语文教师具有较高的学科素养和较强的教学能力，是该区教育系统的青年骨干和教学能手，多次获得市、区级教学评比一等奖，还被学校推荐并成为市名师培养基地学员。鉴于这样的业绩与自信，这位教师毛遂自荐,担任了学校语文教研组长的工作。然而,专业上的成绩并未带动教研组的发展,除了把握各种机会,频繁地外出参加学习、积极参加各类教学评比竞赛外,她较少对教研组的各项工作进行思考,采取应付甚至敷衍的态度,引起组内教师和学校领导的不满,认为她只关心自己的发展,并未摆正自己的角色位置。

【案例二】一位长期担任高三毕业班教学的骨干教师,在继续担任高三毕业班教学的同时担任了教研组长。角色变了,她并未改变办事热心的习惯,在工作繁重而压力巨大的环境下,没有留一手,而是坚持两个"开放":开放自己的课堂,与同伴约定,随时欢迎大家进教室听课、评课;开放自己的教学资料,随时将自己搜集到的具有启发性的练习题、试卷等在组内公开并提供给大家参考。在她的影响下,组内教师相互学习,合作研讨渐渐成为风气,不仅组长自己所教的班级高考成绩在组内名列前茅,而且每届几个毕业班的成绩也在区里排在前列,同时备课组合作开发出了相应的题库,形成了稳定的教学程序和资源,积累了可持续发展的后劲。教研组连续多次被评为区示范教研组,这位组长也得到了很好的发展,后来还担任了学校领导。

对这两个比较极端案例中的主角稍加分析可知,第一位教研组长的所作所为,实际上是把教研组长的职位当成自己专业上能更好发展的台阶和砝码,说得轻点,就是仍然把自己视作普通的骨干教师,思想与意识尚未转变;说得严重点,就是私心与功利驱动下的自我中心,这样的组长往往缺少服务意识,当教研组工作同自己的利益发生冲突时,一般会优先考虑后者,若这种情况不改变,很难指望她能够带好教研组,发挥好组长的引领作用。第二位教研组长则相反,她始终将教研组的发展置于重要位置,把自己融入整个团队中,为同伴无私奉献,因而赢得了大家的信任和拥戴。

这两个案例的背后实际上折射出一个重要问题，即教研组长如何有效地为大家服务？如何思考并处理好自己的利益（如所教班级学生的成绩、自己的专业追求与发展等）与教研组团队的建设和发展的关系？概而言之，就是怎样调适心态，胸怀善意，乐于为同伴的成长与教研组的发展奉献精力和才智？对于这个问题，既有路径与方法等技术成分，也有心态与性格等成分。

一般来说，担任教研组长，管理一个团队，引领一群教师，组长需要腾出较多精力思考教研组的各项活动，完成组内各项课程与教学工作。为了凝聚人心，带领大家一起干，组长在率先行动和示范的同时，重要的是做好服务工作，综合现有经验和案例，从具体路径与方式的视角考察，我以为可以从以下三个方面入手。

一、资源上提供帮助

教学是教师的一项重要专业活动，课程与教学的资源是支撑此项活动有效开展的基本保证。然而，目前的现状是，教师日常教育教学任务十分繁重，鲜有更多的精力、时间去搜集这些资源，久而久之，造成教师拥有的资源相对贫乏和滞后。那么，如何应对资源的实际需求同时间、精力有限的这一矛盾，尽量减少教师搜集教学资源的实际负担，做到减负不减质呢？下面是一位教研组长的体会。

我常常想，开展怎样的教研活动才能满足老师们的需求，才能调动大家的积极性，让每个人在教研组中得到发展。语文教研组应该是一个学习型的教研组织。我校每位语文老师都有学习摘抄和课后随笔两个学习本。看老师们的随笔，对我来说也是一种学习。每次阅读，我都有眼前一亮的感觉。虽然随笔的形式不尽相同，有的是对各篇课文的板书进行汇总，有的冷静地总结自己一堂课的得失，有的激动到为一个教学环节感到遗憾……但都"存乎一心"。清代学者章学诚曾讲到过做笔记的重要,说读书如不做笔记,犹如雨落大海没有踪迹。写教后随笔也是如此吧。我想到,如果把老师们一些精彩的教学随笔汇总起来,我再对这些精彩的随笔做些点评,就为大家提供了学习交流的机会,更是一种宝贵的学习资源。于是,每月定期阅读大家的随笔后,我总要编辑一份专题小报,起名"掬沤集"(掬:两手捧;沤:水泡),及时提供给组内教师共同分享,这一做法受到了老师们的一致欢迎。

事情虽小,却反映出这位组长对专业资源的敏感,通过对教师学习摘记和课后随笔的再加工,为组内教师提供了身边鲜活的教学资源。这种随时随地关注并为教师提供资源的意识与习惯,是值得大力提倡的。

当然,不少教研组长也十分注意拓展组内教师学习资源的来源。比如,有的组长会及时邀请各类专家为教师举办专题讲座,组织大家外出观摩各类公开课和研讨课;有的组长会注意在平时搜集有关的学习资料(如具有启发性、可借鉴的练习、试卷或教案等);有的组长还会提供自己教学中的体会和经验教训给大家研讨等。教研组长为大家服务的一项重要工作就是能够在组内教师最需要的时候,将最合适的资源以最恰当的路径与方式提供给他们,有关这方面的内容还将在第五章做详细阐述。

二、为同伴搭建平台

教师的专业发展离不开施展的平台。俗话说得好,专业发展的平台有多宽,教师的专业视野就有多宽;专业发展的平台有多高,教师的思考境界就有多高。作为校本研修最基本组织中的"首席",教研组长发挥自身的聪敏才智,为同伴搭建专业发展的平台则是一项实施专业服务的工作。

随着教学与课程改革的不断深化,客观环境上为广大教师提供了前所未有的专业发展机遇和施展平台，教研组长要能够及时发现，并按照组内教师的实际需求提供给他们。下面是一位教研组长的经验。

理化生教研组有两位年轻的老师，其中一位化学老师基本素质还不错，业务能力也比较强。但在去年校骨干教师评选中他意外落选，情绪一度低落，开学第一次期中考试，他所教班级学生的化学成绩很不理想。于是，我就与两位化学老师一起进行试卷分析，发现学生的基础知识部分还需夯实，于是提出了一些补救措施，并找这位老师推心置腹地谈心，用自己年轻时的经历作为例子，告诫他："年轻人不要计较一时的名利得失，要学会在教学实践中不断磨炼自己，努力钻研业务，扎实工作，练就过硬的基本功，是金子总会发光的。"与此同时，我还在工作中以实际行动影响他，并对他的生活和个人问题给予关心和帮助，赢得了他的信任。

为了给年轻老师更多施展才能的机会，在今年我校举行的区科技展示活动中，我推荐这位老师上公开课。在我的鼓励下，他认真做了准备，公开课取得了圆满的成功，受到了与会专家的认可和同行们的好评。

目前，这位老师工作积极性非常高，所任教班级化学也在今年的中考中取得了不俗的成绩。最近他悄悄地告诉我："我已经递交了入党申请书！"看到他积极要求进步，努力工作，我由衷地为他高兴。

现在的各级各类公开教学和赛课活动很多，这些活动是教师专业成长的重要途径和平台。许多教研组长往往比较注重对这些机会的把握，积极鼓励并推荐组内教师参与，为他们搭建成长的平台。然而，平台的搭建并不是简单地发动、鼓励和推荐，更为重要的是两点：一是这个平台要对路，要能够适应不同教师的实际需求与状况。比如，有的组长事前会对组内教师的特点进行分析，并且与他们的个性化需求对接，让职初期教师参加基于教学规范养成的"新苗杯"比赛，让青年教师中的培养对象上各类教研活动中的研究课；对于骨干教师，则组织他们参加彰显教学特色的高层次教学评比和竞赛等，让各类教师在不同的平台上施展才能，得到发展。二是做好各类保障与服务，即组织组内教师共同观课磨课，如有需要适时邀请有关专业人士进行指导、引领，使教师能够依托团队的力量，获得实质性发展。

除了教学上课平台，教研组长还要进一步拓展思路，为教师提供多种平台，比如，参加各级各类的研修班、组织骨干教师与青年教师结对带教、鼓励教师撰写教育教学论文并积极推荐发表、策划和开展研修活动等，让教师们在上课中学，在指导带教中学，在梳理提炼中学，在主持策划中学，扬长补短，促使他们的综合素养得到提升。

三、生活上主动关心

教研组长除了在专业领域为教师提供帮助与服务外，有时也需要主动关心组内教师在心理或生活中遇到的困惑，及时伸出援手。下面是两个案例。

【案例一】多年来，虽然我在不同的团队中担任教研组长，但是，当教研组内老师遇到困难或有疑惑来找我时，我都乐于倾听，并鼎力相助。当同组老师的生日到来时，我会衷心地说一声"生日快乐"。传递情感，增进友谊，我带头营造了和谐互助的工作氛围，而这样的氛围也促进了工作的开展。

【案例二】英语老师因为教的班级多，较劳累，身体素质差的话很容易生病。每逢有英语老师生病请假，我总是主动代课。有一次，我代完课后，就认真批改该班的作业并对部分学生逐一面批，其他老师见状，很吃惊地说："你代完课后帮着批作业就可以了，何必这么认真？"我很奇怪："作业是我布置的，当然应该是我批。"既然是我代课，我就要对这些学生负责。更何况如果病休的老师上班后看到有这么多的遗留问题，心情也不会很好，对康复也不利。

教研组长的主动关心，既是一种温情传递，又是一种潜心经营，非专业领域的关心、帮助无疑对和谐团队的建设是有益的。

另外，组长在服务同伴的过程中有时需要在荣誉、利益面前稍微靠后一点。比如，一位小学语文教研组长曾讲述了下面这样一件事：

我校的小杨老师是一位"80后"青年教师，聪明、肯干。校长让她跟着区教研员参加院校合作项目、上区级公开课，并为她申报"上海市园丁奖"。校长找我谈话："杨老师是一位年轻的老师，很多工作都需要你来帮助，我现在把机会和荣誉都给了她，你不要有什么想法。"我乐呵呵地说："本来杨老师和我就是同一个年级组，她有什么需要我帮助的，我十分乐意帮忙，再说机会当然要给青年人，让她锻炼锻炼，能够早日成为专业型的骨干教师，这不也是我们语文教研组的荣幸吗？"我不计个人得失，花大量精力全程精心指导小杨并帮她准备，看到小杨如愿以偿，我也充满了成就感。

从学科骨干转变为教研组团队的"首席"，实际上可能是专业发展上的第二次飞跃，它同由职初期教师转变为骨干教师的第一次飞跃明显不同，既是站在更高层面的专业思考，也是在更加广阔领域的涵养培育，某种程度上讲，更是一种专业知识的再造和心理品质的磨砺，正如一位担任教研组长不久的老师所言："当教研组长，我最深的感受就是缺了'真'字可不行。应该真心地对同事、真心地对工作，无论做什么事，不仅要做到无愧于自己，同时也要无愧于他人，事事力求尽心、尽力、尽职、尽能。我在成事中成就他人，在成就他人中也成就了自己。"

总而言之，教研组长智慧的生成，源于课堂和同伴，源于学习和反思。

延伸思考 >>>

（1）在现实学校管理体制下，教研组长如何处理好自身教学与行使组长岗位职责之间的关系？

（2）教研组长实现角色自我调适的最大困难是什么？如何解决？

第二章
聚焦于本源的研修活动策划

教研组研修活动的组织与开展是教研组长的主要工作与职责核心，在对教研组长的专业素养要求中明确提出了组长应具备"引导、管理组内同伴在学科教学中朝着共同目标努力的能力"。更具体地讲，就是"依据课程和教学的实际需要，以及学校的总体规划和目标，确定重点，区分先后，统筹安排、策划和组织一些有效的教学研究活动"。

作为关键的第一步，教研组研修活动策划与设计得如何，直接影响到活动组织与开展的实际效果，"凡事预则立"，因此教研组长很有必要对教研组研修活动的策划加以探讨，以获取并积累相关知识与经验。

聚焦于有效研修

所谓研修，意指研究与修炼，这里可以理解为教师以课程实施与教学中的问题和困惑为研究对象，通过探究性的活动，在解决问题的过程中实现修心智、增智慧。研修本应是一种心智的磨砺体验，教师在其中获得对教学的深刻感悟，进而外化为自身对教学行为的调控与改进，引发由内而发的行为效应。

那么，在广大教师的眼里，怎样的研修活动是有效的呢？笔者想起了前几年在一次校本研修论坛上一位资深教研组长同主持者的对话。

主持者："请问在您的印象中，什么样的教研组研修活动才是有效的？"

教研组长："说到研修活动的有效性，我的想法是，它是一种心态和感觉，就是教师能否带着期盼的心情而来，怀着更大的期盼离去。"

这位教研组长的回答虽然感性和直白，但确实是教师内心的真实写照，即期望通过研修有一种实实在在的获得感。这一获得感具体可以体现在问题解决的愉悦感、更新经验的满足感、融入团队的归宿感等方面。研修活动的有效性是活动本身的基本价值追求，可以从学术角度、经验角度等进行探究分析。从学术角度，可以制定出相关的评估视角、指标和标准；从经验角度，除了类似于上面这位教研组长的感言外，还可以罗列出某些导致研修实效性降低和消解的若干情况和现象。

一、研修活动的低效或无效

作为本章的引子与先导，这一节，我们先就当下教研组研修活动低效或无效的现象做一描述，以引起人们的关注，进而提出改进的抓手和方向。至于如何评估研修的效果，将在后续章节中做专门论述。

相比于"有效研修"，广大教师对于"有效教学"更为熟悉。课堂教学的有效性主要体现在按照课程标准，学生对具体学习内容的理解与掌握情况，即教学目标的达成度，考察的对象主要是学生。而教研组研修活动的有效性主要从两个维度进行考察，简单地讲，一是教学问题的解决情况；二是团队教师对研究问题的理解、教学行为的改进情况。因此，研修活动的有效性除了前面提到的教师的直接感受，还应该从这两个方面展开具体的反思和评估。活动结束后需要反思一下，问题解决了吗？解决的程度怎样？老师们的参与情况如何？对这个问题的认识和理解是否发生了变化？

从当下学校教研组活动的实际来看，制约和影响其有效性的表现多种多样，根据对多种情况的初步分析，可以大致概括为下面几种情形。

(1) **活动内容单纯上通下达，浮于表面，缺少实质研究内容**。不少研修活动充斥着过多的事务性成分，比如传达布置具体任务、统一教学进度、研究具体工作等。整个学期几乎没有像样的专题研究，教研组退变为教学事务组。

(2) **研修方式单一，效果评估缺乏证据，凭经验做出判断**。不少学校的教研组在研修活动的具体方式上比较单一，就是听课评课。教师的研修除了这些，还应包括其他方式，如研读、论坛、专业竞赛等，即使是听课评课，由于缺乏精心的策划，也容易流于低层次的重复交流，甚至表面文章。

(3) **活动目的不明，内容随意，缺少连续性的反思和探究，系统性不强，后续效应比较差**。我们发现，首先，一些教研组在活动安排上，内容很多，但开展这些活动的目的不够明确，仅仅关注活动本身的内容和形式，当然也就很少考虑到实际效果；其次，每次活动缺少后续的跟进反思，各个活动之间缺乏内在的关联，整体上系统性不强，效果较差。有一种说法，教师的研修活动必须力求课程化，这就有强调研修的系统与结构性之意。

(4) **活动仅限直观感受的交流，教师主动学习滞后，更缺少专业引领**。在不少教研组的研修活动中，老师们习惯于凭经验和感受发表意见，很难从纵向上得到适当的提升。教师主动学习滞后、缺少有效的专业引领，是削弱研修活动效果的重要因素之一，同时也是导致教师表面化、浅层次学习的重要原因。

(5) **教师一团和气，研讨氛围不浓**。在一些教研组的研修活动中，虽有伙伴之间的交流，但是不少教师由于各种原因（如碍于情面、权威效应、经验缺失、表述困难等）往往就事论事，讲一些表面的东西，优点讲得多，好话讲得多，不足与缺憾讲得少，问题得不到揭示，新知得不到渗入，导致教师群体尤其是实践者（执教者）获益不多，活动的效果当然不佳。

（6）**教材、教参和教辅读物是研修的全部资料，专业资源利用不足**。如前所述，教师的研修是一项专业学习活动，在研究教学问题中必然会遇到各种疑问和模糊认识，当然，教材、教参及教辅读物能够提供不少直接的、可操作的信息，但仅限于这些很难满足问题探究和教师们的实际需求，况且课程改革与教学处在攻坚阶段，各种信息层出不穷。在这样的背景下，这"三大件"传递的东西可能有些滞后和狭隘，依据需求及时补充和拓展研修资源就显得很有必要。

（7）**缺乏对新经验的及时梳理，研修的成果传承性差**。这是一个普遍被忽视的问题，尽管随着学校管理的完善，各个教研组都备有研修活动记录手册，但是无论是栏目设置还是实际使用均不尽如人意，表现为一般的活动过程记录多，对关键部分和整体的梳理、总结提炼少，即使有，也缺乏深度的分析和加工，对后续的跟进性活动设想更是鲜有体现。这使得教师感觉每次活动之后头脑中只有各种上课场景以及纷乱的话语，一团乱麻，理不出头绪。

（8）**教研组长一人忙碌，组员被动"搭便车"**。我们常常看到，在一些教研组内，每当需要开展研修活动时，组长一个人忙上忙下，事无巨细，一人包办，弄得自己十分劳累，而组内教师往往坐等安排，被动参与，主体意识缺失，实际效果并不理想。可以想象，如此运作，很难指望教研组的研修活动能取得实效，策划并展开有效的研修活动靠的是全体组员的集体智慧。

只要稍加思考，就可以看出，研修活动的有效性是一个比较复杂的系统性问题，上述消解教研组研修活动实效的现象涉及宏观的教研组制度与文化，也涉及中观的研修活动整体策划与实施，更涉及微观的许多操作技能和技术，有关的内容将在后续篇章中分别详述。

二、寻求对策，提升研修活动的有效性

基于对教研组研修活动有效性的初步阐述，我们可以从哪些方面寻求对策加以改进，以提升活动的有效性？这里先提出六条基本对策。

(1) **紧扣问题困惑，连续驱动学习**。校本研修的出发点是解决课程与教学中的具体问题。教师往往因对原因缺乏了解，一时无法很好地解决，便在脑中生成纠结与困惑。教研组长的重要工作就是提升自己的专业敏感性，及时发现这些困惑，在关注教学和研究的过程中以这些不断生成的问题为抓手，设计并开展一系列研修活动，连续创设探究和思考空间，驱动教师的学习。

(2) **感知变化生成，引导连续改进**。一方面，课程和教学活动具有很强的不确定性，实施进程中的教学对象（学生）的学习状态会随着学习的深入而随机变化，伴随着这些变化，教师的教学也在进行调整，其中有的调整是与学生变化相匹配的，有些则不匹配甚至滞后脱节；另一方面，在教研组研修活动中，伴随着头脑风暴式的交流互动，也会产生各种想法和观点，使整个研修内容和主题发生变化，这些自然的生成变化需要教研组长及时发现，将其转化为恰当的研修资源，引导组内教师向着解决问题的目标不断迈进。

(3) **掌握技能技巧，有效倾听回应**。教研组的研讨和学习一般是通过教师之间的互动性对话展开的，对话的深度和广度是直接影响研修活动实效的重要因素。我们发现，由于教师之间在表达和回应上经常出现问题，该讲的未能讲清或者讲不到点子上，面对观点的回应失当或者针对性不强，因此，教研组长在组织研讨时，很有必要掌握一些对话与回应技巧，使话语所传递的信息准确、切中要害，能够引发教师的思考甚至共鸣。

(4) **注重经验梳理，形成知识积淀**。这个对策常常被忽视，尽管当下学校都备有研修活动记录本，但通常未能发挥记录本的作用，有时仅仅例行公

事地草草写上几笔,以便交差。事实上,对每次研修活动进行反思,梳理获取的新做法、新技术、新思路等,同时反思未能解决的或生成的新问题和困惑是非常有必要的。它既是对研修活动效果的分析,可以明晰后续的跟进性研修;更是对知识的再加工和再提炼,进而形成宝贵的教研组知识积累,最终能够形成本组的教学资源库。

(5) **用好专业资源,提升思考境界**。华东师范大学顾泠沅教授等曾经对校本研修缺乏有效性的情况做过深入的原因分析,将活动缺乏专业引领列为重要原因之一,并将其形容为"胡萝卜烧胡萝卜,烧不出肉味来"。随着现代信息技术的发展,可供利用的资源不可谓不多,但是对一般学校教研组来说,除了教师经历和时间有限等原因,主要是教研组长缺乏研修资源开发利用的意识与方法,导致活动中教师的思考境界得不到提升,视野得不到扩展。实际上,对这个问题的关注和思考是很有价值的,如何整合现有资源与环境,使其作用发挥到极致,是活动策划者必须考虑的。

(6) **善用非正式研讨,促研修成为常态**。教师的学习可分为正式的学习与非正式的学习。所谓正式的学习就是计划安排中的活动,有预设,有方案;反之就是计划外的无预设、无安排的活动。比如,某校语文教研组组长叙述了教师在自发组织的一次踏青中生成的"凉亭聊课"活动:

"凉亭聊课"发生在去年4月,我们打破常规,组织了一次踏青活动,意在暂时摆脱繁重的教学,放松心情。在公园湖边的茶室里,我们随意而坐,泡开的新茶清香氤氲,室外湖光山色尽收眼底,偶尔飞过的小鸟呢喃几声……大家心情很好,海阔天空,畅所欲言。茶兴越来越浓,谈兴也愈发浓,不知谁提到了即将开始的学校教学评比,我忽然感到趁大伙有兴致,干脆聊一聊这一话题。整个下午,在我有意识的"主导"下,同伴们从目标到流程,再到策略,最后到评价,教学的方方面面……在轻松开放的氛围里辩论着、商量着、斟酌着,大家跃跃欲试,对后续的教学评比产生了某种期盼……

又如，某小学教研组长谈到了一次教研专题的产生：

一次，办公室里非常安静，老师们正埋头批阅期末考试卷。忽然，一段对话引起了小小的骚动。

"这次的试卷怎么出得这么偏，有一些还没学过就考了……"

"期中考试之前的内容考得太多，之后的内容反而考得很少，平时学的都不考……"

"嗨，出卷子的人要好好学习学习了。"

……

我听了这些议论，心理直打鼓，心想，按照规定，这次考试的命题是教导处承担的，老师们并不知情，他们的埋怨是出于一时的不满，还是命题确实有问题？于是，我参与到其中，同老师们一起分析了这份试卷的每道题，在与大伙的聊天中，我渐渐地发现，老师们并不了解考试命题的流程，对什么是科学合理的命题也说不出个所以然，有的甚至连双向细目表也搞不清楚。看来有必要就如何命题这一问题组织专题教研，来弥补这方面的知识缺失。一个教研专题由此产生……

环顾我们周围，教师之间围绕教学中的问题展开的非正式交流比比皆是，比如阅卷或批改作业中的有感而发、上完课进入办公室时的小声嘀咕、辅导学困生后发出的感叹等，这些往往能够引发一些教师之间的议论，也就是俗称的办公室"主题式聊天"。每每遇到这些情况，作为圈中人的教研组长是熟视无睹，还是随口附和？是简单发表自己的想法，还是细究思考？其后续效应是完全不同的。研究表明，专业人员之间围绕本专业展开的随意、随机性交流具有更强的互惠和生成效果，教师之间的"主题性聊天"是内心的自然坦露，想法更加真实，此时若能适当引申拓展，就能够起到良好的研修效果。因此，教研组长面对这些良机，切不可轻易忽略，要多长一个心眼，捕捉其中的学习价值，进而使研修成为办公室的一种常态与文化。

研修活动的有效性不是悬浮于空中的美好愿望，从学校教研组建设的实际需要看，它的具体实施不应仅满足于对表面现象评价、就事论事的操作改进，也不宜过度成为需要应用各种复杂技术和工具才能测量评估的观察对象（科学研究除外），它似乎应该是从研修活动的本源认识出发，在实践经验和具体互动中的动态调整。

考察研修活动的本源

学校中的学科教研组究竟是怎样的一个组织？它承担了哪些重要功能？对于这些问题，有必要想清楚并给予正确的理解。关于这些内容，在本书的引言中做过初步讨论，即教研组是一种学术组织，它提倡"专业自治"，主要功能体现在：研究并解决教学问题，共享并创生教学智慧，培养青年教师，参与学校教学管理。这个界定将教研组定位于"学习共同体"和"学术组织"，该组织通过团队成员的学习、研究、反思等专业活动，达到学术凝聚，进而引领和促进团队成员的专业发展。

研修活动是一项学术性活动，就活动的策划而言，首先要对活动的顶层部分——活动的本源进行探究，厘清为什么要开展这些活动？它究竟能给教师带来什么？教研组长只有重新审视这些本源性问题，才能从更为清晰的整体性视角来看待教研组的研修活动，使策划出的研修活动体现学术价值。这里，我们从一个较为理性的角度对教师研修活动的本源展开初步分析。

所谓本源，按照《现代汉语词典》的解释，是指事物产生的根源。因此，教研组研修活动的本源可以从两个方面进行考察。

一、价值指向和目的

也就是，我们为何要开展研修活动。这个问题似乎不难理解，研修活动的价值和目的应体现在两点：一是解决课程与教学中产生的问题，消除教师的教学困惑，让教学过程趋于合理；二是更新和完善教师的教学经验，使教师生成教学智慧，在成事中成人。这两点为研修活动的策划与开展指明了大方向，也是开展教研组研修活动的理想结果。

二、内在运行机制

关于内在机制问题，它包括活动中教师个体的经验建构和内在过程，我们更多的是从教师学习的心理层面对其加以分析，试图寻求指导教研组研修活动策划与开展的心理依据，以使我们的行动减少盲目，更加有效。总体来说，教师参与的教研组研修活动是一个基于教学新知建构的学习过程。根据现有成人学习理论的观点，这个过程具有自我导向、个性化强等基本特征。结合实际感受和经验，借鉴当代学习心理学的相关理论，两者结合，能够较好地帮助我们对教师研修活动内在机制做些尝试性的操作性解释。

1. 教师的教学知识是什么

在众多描述中，最有代表性的是人们熟知的由美国教育心理学家舒尔曼提出的教师专业知识描述，即它是由学科知识、一般教学知识、课程知识、学科教学知识（Pedagogical Content Knowledge，简称PCK）、学生及其特点的知识、教学情境知识以及关于教学的目的、价值、相关的哲学与历史知识组成。其中，居核心地位的是学科教学知识。格罗斯曼后来又对学科教学知识进行了具体分解：它包含该门学科的统领性概念和基本思想、学生对某一学习内容理解和误解的了解（学科体系中的难点、重点）、特定内容在横向与纵向上的组织和结构、将特定的内容转换为学生易于理解学习的方法策略等。由此，我们不难发现，教师的教学知识是一个综合性的各类知识集合体，教师围绕某一专题展开的研修活动，其过程便可以理解为是对这个集合体知识的改组与完善。

2. 教师的教学知识有哪些特点

归纳现有的各种观点，我们以为，教师的教学知识有如下特点：

（1）**以"经验"为主**。这些知识带有很强的实践操作性，是教师个体实践经验的体现。

（2）**以感性知识见长**。这些知识往往是源于实践的原生态体验，教师不太擅长理性提炼和抽象概括。

（3）**个性化特征明显**。对同样的问题或教学现象，不同的教师会有不同的理解或表达方式。

（4）**教学知识依附于特定的教学场景**。教师的教学知识一般通过故事、叙事等手段来表征，对教学的理解和操作同实际情境相糅合，用情境再现来呈现。

（5）**知识不成体系**。这些知识通常是琐碎的、片状的，随机分散在教学工作中。

（6）**不易表达呈现**。即能做出来，但难以讲清楚原因和过程。

概括起来，教师的教学知识组成可以用表2-1简要呈现。

表 2-1　教师教学知识组成

学科教学知识（PCK）	类型	存在形式
本学科的基本价值、体系结构、基本概念、核心思想方法原理；学科体系中的难点和重点；某一知识在整体中的地位及其与其他知识之间的关联性。	学科本体性知识	显性化的，一般在学科课程标准和学科教学法等文献中阐述，但个人的理解有差异，比较容易传播和共享。
将特定的学科知识内容转化并呈现给学生的方法、技术和技巧。	教学条件性知识	半隐性或隐性的，因人而异，个性化强，较难表述，是将学科本体性知识转化为学生学习资源的中介和关键，是一种智慧，不易系统传播和共享。
与教学有关的环境、社会、哲学、历史等知识。	社会背景性知识	

教师教学知识的这六个基本特点告诉我们，在策划及组织研修活动时，要关注教师的实践，寻找并创设各种载体，促进教师在做中学、在做中悟；同时要关注教师的体验与表达，运用多种契机，营造参与情境，让教师通过语言、行动等传递思想，共享经验；要注重教学知识在生成中的整理，把琐碎、片状的知识变为系统、结构性的知识。

3．教师教学知识的建构

与此同时，从动态的视角分析，我们以瑞士儿童心理学家皮亚杰的认知发生学、前苏联心理学家维果茨基的最近发展区原理为基础，将教研组研修活动视为营造一种教学知识的"建构区"。在这个"建构区"内，随着活动的开展，多种专业资源（包括来自同伴的）汇聚并相互作用。作为其中的一员，教师通过探究、审辨和反思，将外来资源同自身经验建立起本质联系，并展开行动和内化（同化与顺应），促进资源由渗入到自我融合，在跨越这些专业资源与已有经验的"最近发展区"中实现新知识的建构。换言之，教师研修活动的内在过程是在解决问题的驱动下，原经验在反思中被连续激活，导致经验的重组和再构。值得指出的是，由旧知状态走向新知状态，这个过程是教师个体在反复实践、反思的进程中的螺旋提升，其中每一个轮回可以分为四个环节，具体分析框架如表 2-2 所示。

表 2-2 研修活动中知识的内化过程

内化环节	解释	研修中的促进要素
对比起疑	由于理想与现实、自身与他人之间存在落差，产生困惑或问题，进而生成改进的需求。	（1）提供针对性参照物（他人经验、文献理论、公共知识），让教师感觉到自身的落差。 （2）信息的呈现能激活教师已有的经验。 （3）提供的信息具有针对性、可操作性、可迁移性，落在各自知识和经验的最近发展区。 （4）前期做好问题诊断、归因分析和专业资源（专家高手、理论文献等）介入的准备。
理解转换	通过比较、概括以及联想等思维方式，领会和把握外来信息的内在联系、本质和规律，同时经过积极的同化和顺应，寻找与自己原有经验的结合点，形成个性化的操作设想与思路。	（1）以教学设计为载体，展开深度互动，强化思维的表露（说课）。 （2）采取比较方式，在新老知识之间建立起实质性联系，在此基础上具体阐述如何设想及其依据。 （3）适时的专业资源介入和引领。
外化调整	在实际情境中尝试运用形成的想法，并积极地进行调整，使之趋于合理有效。	（1）展开专题性观课评课。 （2）运用观察工具。 （3）利用数据和事实加以归因分析，改进操作。 （4）头脑风暴及知识共享、反思工具的使用。 （5）专业资源的跟进介入。

续表

内化环节	解释	研修中的促进要素
拓展固化	对形成的方法、技能等进行系统反思，主动迁移，逐渐将其纳入自身经验体系。	（1）继续教学实践，同时集体回顾梳理，回顾要点包括：①问题解决了吗？哪些现象可以说明？②在这个专题操作中，哪些地方是关键？为什么？③可以做怎样的拓展？④遗留或生成了哪些新问题？ （2）将回顾内容形成文字并反馈给教师。 （3）有后续的关注与跟进，视需要随时重复前面的某一环节。 （4）专业资源的跟进介入。

当然，这一分析框架尚需进一步在实证中验证和完善，为了实施有效的研修，首先需要有这么一个参照。根据上面这个初步分析框架，我们可以大致看出教师在参与研修活动过程中是怎样通过不断内化实现新知的建构，其中又有哪些研修活动中的操作环节能够促进这些内化活动（环节）的展开。通过这个分析，我们能够进一步认清研修活动的内在机制，为有效研修活动的策划及实施奠定基础。

在具体阐述研修活动的策划之前，我们首先从两个方面认识并把握了研修活动的本源。前者指明了活动的大方向，为制订具体的活动目标、实施有效的反思评估提供了参照；后者梳理出了活动的内在心理机制，为具体谋划活动的内容及方式、研制开发有关技术工具提供了内隐脉络和操作依据。

研修活动的系统策划

上面我们首先就当下学校教研组研修活动的有效性进行了具体论述，提出了思考的视角、阻碍其有效性体现的若干现象以及相应的对策；接着，从两个方面对研修活动的本源进行了考察，在做出初步分析的基础上揭示了其中蕴含的基本价值和内在机制。作为铺垫，这些阐述将为我们着手进行研修活动的设计策划提供指向和引领。本节将结合案例具体介绍活动策划的步骤和方法。

一、教研组研修活动的基本类型

由于具体研修目的、任务、内容存在很大差异，学校开展的教研组研修活动的研修方式和过程也不同。目前开展的研修活动大致可以分为以下几种类型。

1. 基本功培训型

基本功培训型研修活动的主要目的是夯实基本功，一种情形是指根据学校的校本培训要求，结合本组的具体情况确定培训内容，安排并落实相关的培训工作。比如，某小学为了完成教师"十二五"期间的培训任务，组织全校教师参加市里举办的"教师现代教育技术专项培训"。为进一步落实该项培训活动，校数学教研组除了让教师参加学校组织的培训之外，还利用教研时间组织组内教师选取教学内容，利用提供的技术软件，从单元学习计划的制订、学习目标的甄别遴选、学习思维导图的绘制、单元学习评价指标的研制等模块共同形成备课组的典型教学方案，然后在大组中交流共享和改进，在此基础上参加学校统一组织的上机操作，完成相关的学习培训任务。

另一种情形是教研组长在教学活动中发现某种情况，策划并安排系列培训活动。比如，某中学语文教研组长发现不少青年教师对于课堂教学中的导入环节把握不准，要么故弄玄虚，不着边际；要么手段单一，感觉乏味。经分析，主要是由于这些青年教师缺乏相关的经验和知识，机械片面地理解问题或情境导入。为了改变这一情况，教研组长用一个学期开展了关于课堂导入基本功的培训，该项培训的目的是通过探索研究有效的课堂导入环节，帮助教师（尤其是青年教师）正确理解导入的作用与功能，学习并掌握语文课导入的具体形式和方法，在夯实基本功的同时创新导入的方式。

由此可见，基本功培训型的教研组研修活动是基于学校整体安排或某种需要，在教研组内的具体落实，它的目的在于查缺补漏，对教师中出现的普遍教学问题进行针对性的专题培训，其特点是以普遍夯实教师教学基本功为目的，要求相对统一，步骤内容较为一致，是学校相关课程培训工作在组内的具体体现。

2. 文献学习研读型

这种类型的研修活动是以组织教师开展读书活动为主要内容，让教师受到信息的"滋养"，弥补教师在专业知识等方面的缺漏，开拓视野，提升思考境界。比如，某校数学教研组为了夯实教师的学科素养，组织教师学习研读《作为教育任务的数学思想与方法》一书，并且安排各个备课组结合小学数学课程体系内容，思考对数学思想方法及其教学的理解，为正确处理教学内容提供专业支持。又如，某小学语文教研组为了提升组内教师的人文素养，一年多来，组织教师们阅读了《第 56 号教室的奇迹》《名师课堂经典细节》等教育类书籍，以及印度作家克里希那穆提的著作《人生中不可不想的事》、英国教育家 A. S. 尼尔的《夏山学校》、贾平凹的《古炉》、安妮宝贝的《春宴》、白岩松的《幸福了吗？》等人文艺术类书籍，撰写了大量读书随笔和札记。通过读书、赏析等，促进教师思考生活、思考课堂。教师的课外储备也增强了课堂的文化底蕴。

显然，文献学习研读类的教研活动是一种极其重要的专业资源开发利用活动，它打开了教师的视野，启迪了教师的思考，是教师学习间接经验并指导自身实践的主要途径。但是，从目前实际情况看，这类活动的效果不尽理想，主要原因在于，首先，时间上难以保证，要教师在完成大量繁忙教学工作的同时挤出时间静心读书，只有个别人能做到；其次，读书的方式较为单一，以写读书笔记和举办交流活动为主，教师不太感兴趣；再次，内在动力不足，除非必要，教师一般很难专心去研读教育理论书籍；最后，网络信息的丰富与快捷也导致了教师片状和快餐式阅读习惯的形成。所以，如何策划好有效的学习研读活动，是教研组长面临的重要课题。

3. 典型课例研讨型

研修活动的重要目的之一是研究并解决课堂教学问题，因此，课例分析研讨已成为当前众多教研的主旋律甚至全部。这种类型的研修活动主要是教研组长通过日常对本组教师教学情况的观察了解，从一些异常现象中分析可能的原因，形成主要问题，进而加工成研究专题，展开一系列的磨课研讨，最后寻找有效对策并解决问题，改进教学。

课例研讨型的研修活动实证性比较强，需要运用一系列的课堂观察、数据分析、课例撰写等技术方法来对课堂教学进行分析和改进，因此很受广大教师的重视。课例研讨型研修活动效果的好坏，关键在于专题的来源与价值、研究手段的科学和可操作，以及教师所具备的相关专业知识和技能的熟悉程度。事实说明，一项高质量的课例研讨活动能够让教师更深刻地理解学生、理解教学，并能够较好地内化迁移。

4．项目综合研究型

项目（课题）研究受到许多学校教师的重视，随着近年来新课程实施的不断深入，许多学校教研组为了提高教师实施新课程校本化的意识、水平与能力，纷纷确立了科研项目，展开持续性的探索。这里的综合研究，就是指教研组以亟待解决的问题与困惑为线索，确立研究项目（课题），按照教育科研的环节和程序，运用一些常用的科研方法展开探索，以取得研究的成果。这就需要教研组能够充分挖掘各类专业资源，对整个研修活动做系统的设计，将基本功培训、文献学习研读、典型课例研讨等活动合理编排、有机嵌入，构成一个多种研修形态的综合序列，让教师在研读、实践、聆听中习得教学新知，成为经验的自我建构者。

一般来讲，项目综合研究型的研修活动，其主线是项目的实证研究。这里的"综合"并不是多种活动的简单"捆绑"或者线性排列，而是基于动态需求下各种活动的有机融合。相对前三种活动类型而言，一个成功的项目综合研究型研修活动，往往具有很强的探究性和持续性，是教师的"草根"研究，研修活动成为科研活动，教研组就成为项目组或课题组。这样的研修活动使教师学到很多东西，专业上获得的提升也较大。当然，策划和开展研修活动的要求也比较高，考虑的因素也较为复杂，首先当然是要有一个好的研究项目。

诚然，上述研修活动的类型之间并非泾渭分明，有时也不可避免存在交叉，这里仅仅是反映它们各自在活动目的、方式和过程上所表现出的一些主要特点，也为后面实施研修活动的效果反思与评估创设条件。

二、研修活动的策划步骤

一般来讲，教研组长对研修活动的策划是一种系统谋划的精细化思考过程。所谓系统，就是以研修活动的本源（目的和内在机制）为依据，对本项活动的诸多要素做关联性分析，形成框架和行动脉络；所谓精细，意指对活动每一环节的作用、具体实施等有充分的预设，考虑操作细节的落实，这一过程既能反映出组长综合融通与整体渗透的思维品质，也体现了组长思维缜密敏锐、办事严谨踏实的工作作风。

需要特别指出的是，基于本源的研修活动策划，应遵循四项基本原则：

• 思辨性原则：活动的专题和内容能够引发同伴的强烈兴趣，探讨的问题始终落在大多数教师教学认知的最近发展区，即"模糊"与"清晰"、"知"与"不知"之间的灰色地带，从而不断激发教师内在的探索欲望。

• 体验性原则：强化同伴在参与中的过程性体验，创设条件，搭建平台，让同伴全身心投入，经历多种学习过程，获得实实在在的新知识并及时转化为自身的经验，纳入自己相应的教学知识体系。

• 引领性原则：注重研修活动中的信息开放，根据需求充分开发和引入各类专业资源，开拓同伴的视野，提升教师们的观察与思考水平。

• 实证性原则：研修的目的之一是解决教学中的关键问题，某种程度上讲是对教学未知的探究，因此，研修的过程不仅是利用原有经验做出主观判断，更要有意识地学习并运用科学研究的技术方法，展开课堂观察、数据分析、动态测评和验证比较等，认清教学现象背后的东西，尽可能揭示操作规律，帮助同伴养成实事求是、基于证据的探究习惯。

鉴于以上认识，我们将教研组研修活动的策划过程分为五个步骤分别详述。

1. 确立研修专题——为研修建立聚焦点

毋庸置疑，研修活动的专题是有效研修得以展开的前提，一个好的专题将主导整个活动有序有质,并不断深化;反之则可能使活动浮于表面,举步维艰,甚至半途而废。

(1)获取并确立研修专题的路径。研修活动专题的确立是一个对各类信息进行反复加工的过程,主要的路径有两个。

①通过感知课程与教学中的现象孕育出研修专题。众所周知,课程与教学是一个多变的过程,课堂中每时每刻都会发生各种情况,有很强的不可预见性,这恰恰成为问题与困惑产生的根源,也是产生教研组研修专题的沃土。但是,这些足以引发教师探讨的现象有时并未引起我们的注意或警觉;或者即使抓住了某些异常,也并非能使之成为有价值的研修专题。这里就有一个感知与加工的过程。下面是一个由感知教学现象到孕育出专题的实例:

某小学数学教研组的老师在使用新教材时,感觉在教学"问题解决"相关内容时存在困惑。"问题解决"内容注重对数量关系的分析,老师们按照原先"应用题"的教学思路,试图让学生掌握问题的分析方法并举一反三,但是限于课时,往往觉得时间不够,难以完成教学任务。

教研组长发现了这一情况后,便深入课堂听课,查看学生作业,同时与组内老师进行沟通。经初步分析,教研组长发现这个问题具有一定的代表性,远非想象中通过单一的改进教法能够改观。于是,教研组长抽空请教了有关学科专家。经专家的指点,大伙发现,造成这个问题的根源是新老教材在编写结构上发生了巨大变化,为了集中学习数量关系,老教材将各类实际应用性的数学问题按照问题的结构关系分为若干专题编排,教师有充足的时间组织教学;而新教材为了强化数学的实际应用,将原来的分类打乱,随机渗透在计算、几何图形等内容的教学中,造成素材分散、教学顾此失彼的窘境。

找到原因之后,教研组长组织大家对新老教材相关内容进行了对比分析,大家觉得两种教材各有特色,只是编写思路存在较大差异,教师的任务是集各家之长,通过对教学内容的再加工形成有效的教学思路,从而解决疑难、消除困惑。教研组最终确立了"小学数学'问题解决'学习模块教学内容统整"研修专题,花了近两年(四个学期)的时间,展开了连续而深入的探索。

概而言之,这个专题孕育过程可以简要地用下面的流程表示:

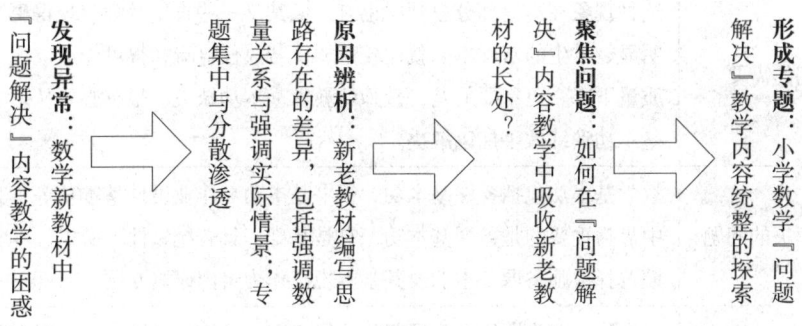

图 2-1 研修专题孕育过程

教研组长要敏锐地感知教学中的各种变化,依据已有经验做出假设判断,及时深入课堂跟踪分析,辨明原因(归因分析),聚焦主要问题(或关键问题),在此基础上确定改进的基本方向,然后形成研修的专题。实践告诉我们,要有效地完成这一过程,首先,教研组长要有专业上的敏感性,善于在司空见惯中发现异常;其次,要善于进行连续的跟踪,分析其成因;最后,要能够做出正确的判断,明确改进的方向。

② 把上级布置的重要工作转化为针对性的研修专题。学校教研组有时需要落实上级教学主管部门下达的各项任务,其中既包括市区县的任务,也包括学校的任务。教研组长应该怎样面对这些任务?是照本宣科,当二传手,还是发挥自己和团队的智慧,将这些工作加以转化,进而与本组的实际对接,形成有价值的研修专题?表 2-3 是一位初中语文教研组长在新学期开学初面对上级业务主管部门布置的"加强课堂教学基本规范"重点工作所做

出的思考架构。

表 2-3 某初中语文教研组长的针对性研修专题转化架构

思考要点	内容表述
上级的意图	由于种种原因，在当下课堂教学中不恰当地提倡创新，使部分教师忽视甚至违背基本教学规律，课堂教学随意，影响了教学效果，因此需要重提并重视教学的基本规范。
我们的需要	这种现象在本组部分教师中也有，尤其是一些青年教师表现得更为明显，学生的基础本来就比较薄弱，若放任自流，很可能造成教学质量下降。更重要的是，教师的教学基本功缺失，很有必要从教学基本功训练入手加以解决。
待解决的问题	教学基本功包括备课基本功、板书基本功、作业设计基本功等，其中最为重要的是备课基本功，它是基础，具有统领性，所以，本学期选择教师备课基本功及其基本规范作为组内研修专题。
相关的活动	以操作实践为主线，开展现状分析、实战演练、专题讲座、案例剖析等活动。

这个思考过程体现了组长的两个智慧，第一是善于揣摩并较为准确地把握上级下达任务的缘由，同时能够基于校情和组情把这些任务具体化，将基本规范转化为可操作的教学基本功培养，展开很好的对接；第二是善于抓住重点，即备课基本功，并以此为突破带动其他基本功的养成，起到了纲举目张的作用。

将上级布置的重要教学工作转化为有价值和可行的教研组研修专题，既是对组长解读领会能力的考量，也是对组长能否了解本组实际状况和教师需求的检验。

上面两条是研修专题产生的主要路径，也是最基本的。除此之外，我们还可以通过日常工作和生活中的观察思考、交流互动、教学细节处理和阅读分析等途径萌发灵感，进而加工成好的研修专题。

（2）获取并确立研修专题的主要视角。作为拓展，除了上面阐述的路径之外，我们还可以从下面几个视角来思考研修专题。

①从团队困惑中寻求突破。对于这一点，大家比较熟悉，无须多议。需要指出的是，这里应该是团队的困惑，至少也应该是多数人的困惑，而非教研组长或个别人的困惑。

②从成功的经验中寻找再生。这一点在我们的教研组研修中常被忽视，但却是十分有价值的思考领域。比如，某校接受上级主管部门的教学视导，当天安排了几节听课活动。一位专家随机听了一位老教师的数学课。这是一节教学概念的授课，教师的板书引起了专家的注意。整个板书结构合理，主线清晰，勾勒出概念的产生及其各种变式，恰如其分地展现出知识的发展线索以及各部分间的关系。尤其可贵的是，该教师整堂课不用黑板擦，板书一气呵成。课后，专家同这位教师进行了沟通，发现他重视板书由来已久，并且长期以来注重钻研，有着丰富的经验和系统思考。根据这一情况，专家与教研组长商量，希望好好挖掘这位教师的板书经验。视导过后，教研组长经过前期的精心准备，以"方寸之间见功夫"为专题，在组内开展了传统板书设计及其功能挖掘的系列研修活动，取得了意想不到的效果。

教研组长若能够具备一双慧眼，及时发现身边同伴在教学中的优势或亮点，通过先期的沟通整理，形成专题，在此基础上再通过研修，让有效的经验在组内传播共享，变教师个人的知识为团队共有的智慧，这无论对知识的贡献者还是受益者来说都是一件好事。

③从不同的经验或观点中捕捉空白点和交叉点。随着课程改革不断深化，就某一学科而言，无论是在理论层面还是在实践操作层面，近几年来都出现了各种各样的观点或流派。从操作层面看，近年来提倡的"翻转课堂"受到很多教师的追捧，但是，有一位教研组长面对这些热闹场景却产生了疑问，难道传统的课堂教学就落伍了吗？他对"翻转课堂"的本意、出处及实施进行了研究，觉得其本身有独特的优势，如提倡容易的知识学生自己学，难点、重点拿到课堂上讨论，既节省了宝贵的课时，又显著地提高了教学效

率。与此同时,这位教研组长再次审视了所谓传统课堂教学的基本流程,发现其结构化程度高,许多方法老师们驾轻就熟。这位教研组长秉承课堂改革不是相互取代,而是整合完善、走中间道路的理念,及时吸收"翻转课堂"中的某些思想,纳入现有教学体系,引入"导学单",在教研组内展开"导学单"的设计和功能开发探索,取得了很好的效果。类似的情况还有许多,比如,小组合作与学生独立学习的结合、体验探究与讲授法教学的结合、现代信息技术与传统板书的结合等。作为教研组的"首席",教研组长的专业视野要开阔,思考要合理,要有自己的想法,当人们趋之若鹜时,要想想忽略或遗忘了什么;当新名词、新概念满天飞,大家茫然无措时,要思考教学的本质和规律是什么,这些信息背后隐含的共同点有哪些。如此,也许就能够产生很有价值的研修专题,这也是教研组长素养的一种体现。

教研组研修专题的确立,其主要的责任人是教研组长,但不是组长一个人说了算,而是组长与团队成员互动的结果。在专题确立的过程中,组长始终要考虑三个问题:

第一,专题的确立是组长发挥专业观察与判断能力的过程。对于这一点,在上面的阐述中已反映,若组长缺乏优于同伴的专业敏感和判断,在纷繁的教学现象面前的表现与同伴差不多甚至慢半拍,结果可想而知。

第二,专题的确立是一个教研组民主协商的沟通过程。组长要保持开放的心态,有自己的想法,及时与组内教师充分沟通,征求各方意见,不断修正,在集众人智慧的基础上,产生为大家接受的研修专题。

第三,专题的确立要兼顾各个教师之间的利益均衡。一个教研组中有十几或几十位教师,各自的经历、思维、习惯、个性等存在差异,因此对研修活动的期望与利益诉求也各不相同。除此之外,专业的生态发展阶段也各异,有的处在适应期,有的处在上升期,有的处在瓶颈期,有的进入了倦怠期等。要了解这些情况,使研修专题涉及的内容尽可能地涵盖大多数人的需要,激发起教师们的学习动机,这需要组长花时间和精力去思考。

2. 展开现状诊断——为研修找准切入点

研修专题一旦确立，跟进的就是思考本次研修从哪儿开始、切入点是什么。这个问题的解决实际上取决于对组内教师在这个专题方面实际情况的精准了解。对现状的了解，在确立专题的过程中就已经开始，多半是同步进行的，那么，教研组长需要了解哪些信息呢？一般来讲，主要涵盖三个方面的情况：①同伴对这个研修专题的认识程度是怎样的？②他们在这方面已有哪些做法和经验？③在这一专题上，他们需要获得哪些方面的专业指导？

比如，某小学语文教研组拟对"单元教学目标的确立和表述"专题展开研修，组长发现，组内大多数教师都知道教学目标应从三个维度来确立（知识与技能、过程与方法、情感态度与价值观），但部分教师觉得知识与技能以及过程与方法是实在的、可操作的，而情感态度与价值观则有些空而悬；在目标的表述清晰度上，教师们常常感觉没把握、不自信，很希望能有些系统指导。鉴于这些实际情况，组长决定首先安排专题讲座，先补充整理相关知识，再开展后续的活动。由此找到了恰当的活动切入点，启动了研修。

展开现状诊断，既是为研修找到切入点，也能够围绕专题，使活动的内容、形式、专业支持等方面安排得更加贴切而具有针对性。

当然，在途径与方法上，除了日常聊天，必要时可以搞一些简单的问卷和访谈等，以获取可靠的信息。

3. 明晰活动目标——为反思效果设立参照点

对于一堂课教学效果的分析，我们往往是以所制订的教学目标作为依据，通过课堂观察与课后反思，对照教学目标，就达成度做出价值判断。如前所述，既然教研组的研修活动是教师在职学习的重要形式，那么它的有效性也应有一个参照，这个参照便是研修活动的目标，无论是从学理逻辑上还是从实践操作层面看,教研组研修活动必须要有目标,它是活动价值追求的微观与操作性体现。因此,就某项专题研修而言,其研修的目标需具体、可操作、可评判,避免那些空洞但正确的废话。

在本章第一节中,我们曾经提出研修活动的价值应从两个维度考察,即问题解决与教师发展,研修活动的目标也应该是这两方面的具体化。下面我们通过一个例子来看看如何正确制订研修活动的目标。

本学期,某校语文教研组的教研组长经过观察思考和沟通,确立了这么一个研修专题——如何有效地批阅学生作文?在拟订研修目标时草拟了这样的表述:

通过本次研修,使教师把握课程标准,进一步理解作文批改的价值意义,提高批改的能力,促进专业的发展。

显然,按照研修目标确立的要求,这个表述比较空洞,仅仅是给出了此项活动的方向,远未达到明晰的程度。经过讨论,该表述修改为:

通过本次研修,让教师掌握有效批改学生作文的具体方法,改进相关操作,减少和消除随意性,增强针对性,进而提升作文批改能力。

这一改,较之以前具体了不少,至少提出了通过研修需要教师学习并掌握的具体内容——批阅方法。基于这一点,就可以对活动的效果加以反思或评估。然而,教研组长并未满足,在活动开始后不久,他发现这个目标还应再具体和拓展一些,于是对研修方案做了第二次修改,把研修目标调整为:

通过文献学习、专题讲座、实践操作与案例剖析,探索并梳理出学生作文批改的有效方法（包括批改角度、批语表述等），总结出作文批改的基本要素，启发教师重新理解作文批改究竟是为了什么，减少和消除批改中的随意性，澄清以批语的文字量取胜的模糊认识，进而提高作文批改的针对性与实效性。

这一表述进一步阐述了活动的基本路径与形式（文献学习、专题讲座、实践操作与案例剖析），解决的问题（随意、以量取胜），教师的发展（掌握批改的角度和文字表述、把握批改的基本要素）。从这位教研组长两次修改、调整本项研修目标的过程，我们可以发现：

（1）制订一个好的研修目标，要抓住以下几个关键：

①研修活动的基本路径与方式，即通过哪些主要途径或方式来达到研修目标。

②研修专题下具体解决哪些问题，比如教师相关知识的缺失、认识上存在模糊、经验缺乏整体性和结构性等。

③教师的获益，比如具体掌握哪些技术与方法、弥补教学上的哪些认知缺陷、提升哪些思考水平（包括思考教学问题的清晰度、精细度、关联度和创新度）等。

（2）研修活动目标的制订，不是在策划方案时一锤定音，可能是一个伴随着活动的展开而进行的动态调整过程，它反映了教研组长对同伴的了解和在活动进行中的感悟。

4. 开发专业资源——让教师沐浴信息的滋养

本章前面内容的讨论指出了影响有效研修的一大现象就是活动仅限直观感受的交流，教师主动学习滞后，更缺少专业引领。此情况如果得不到重视与改进，教研组的研修活动将无法充分体现出应有的作用，教师也不会获得专业上的提升。

鉴于研修活动中的专业引领和资源开发利用的重要性，本书将在后续章节中单独具体展开论述，这里先提出几点看法。

①研修中的专业引领不局限于专家引领，两者不能画等号，必须拓展视野，全面考察。

②在策划教研组研修活动时，除了考虑具体研修内容和形式，还要思考为了达到研修目标，围绕研修专题，教师需要哪些专业上的支撑和引领。

③考虑在现有条件下，哪些专业资源可供利用，活动中的哪些环节或阶段可以介入、如何介入等。

④思考这些资源如何整合并与大多数教师的实际状况对接，整体而自然地影响教师。

5. 规划流程安排——使研修进程科学而集约

所谓科学，意为合理，符合教师学习的规律；所谓集约，是指强化分工协作，使整个研修活动连续有序，结构紧凑，提高效率。研修方案策划的最后一个步骤，就是将上面几步产生的结果进行整体的"组装"，进而形成详尽的活动方案。这个组装过程就是把各类活动统筹整合，形成活动序列并分步展开。在具体操作（撰写成文）时考虑的问题是：先开展什么活动？再跟进哪些活动？各个子活动之间怎样自然过渡和衔接，如何延续？同时安排好每一项具体活动的时间、地点、主持者等，最后还要考虑每项活动之后应留下哪些资料或成果，比如，典型课例的分析、研讨的记录及梳理材料、教师的反思随笔、有关的研读笔记、影像和视频资料、PPT等，这些材料极其宝贵，为后续的研讨及研修课程的构建提供了很重要的资源。

从具体操作层面来看，教研组研修活动的策划是一项较为复杂的思考谋划过程，组长需具备这样几种思考方式：一是结构性的思考，以某一具体的想法或专题为线索，将教研组活动整体设计，形成创生性的动态研修过程；二是统整性的思考，就是将理论文献解读、实践性的开课磨课以及与专家互动研讨等有机融入一项教研活动之中，环环相扣，形成系列，彼此互补，提升教师的经验；三是换位性的思考，体察同伴实际需求，策划设计的研修活动持续而相互衔接，引导教师在参与中深度反思。期间，教研组长要发挥好组织与引领作用，广泛搜集有用信息，结合自身的专业判断，与伙伴们充分沟通和紧密合作，在互动中孕育出研修方案。

作为本节内容的小结，下面我们给出一个教研组研修活动方案的案例，并对其加以简要分析。

这是某中学语文教研组策划的研修活动方案，基本框架和内容如下：

【研修专题】

初中语文试卷讲评课的有效性教学研究

【活动缘由】

在语文教学的各类课型中，试卷讲评课始终不太受重视，在各级各类研究课、展示课中，此类课型鲜有踪迹，相关的经验也不多，本组教师也普遍觉得这类课上不好，缺少有效的教学方法。但是，就语文学习的过程看，试卷讲评课是对学生阶段性学习状况的诊断，通过这一教学过程，能够帮助学生发现学习中的不足并分析原因、寻找对策，为后续的学习做好准备，是学习进程中极其重要的环节。

鉴于此，本组拟在本学期期中考试期间，开展对这一问题的探索，以改进教学，提高试卷讲评课的教学效果。

【研修目标】

通过课例研讨、阅读文献资料、专家讲座等方式，让组内教师在原有经验基础上，学习并掌握试卷讲评课教学的有效方法，同时能够进一步思考和理解此类课型的价值及其作用，并在今后的教学中自觉探索，形成较为系统的经验。

【活动程序和内容】

表2-4 研修活动程序示例

	内容与方式	时段	负责人	资料与成果
活动程序	一、热身铺垫 结合期中考试阅卷与质量分析工作，通过校数字化网络平台布置以下任务。 1. 思考问题，每人做好10分钟的发言准备。 （1）试卷分析与讲评的有效性该如何体现？ （2）试卷的分析讲评课应该怎样上？ （3）根据你的经验，现在的试卷分析讲评存在哪些问题？具体表现是什么？ 2. 研读文献。 （1）《试析提高语文试卷讲评课的实效性》，《现代语文》，2013（1）。 （2）《走出误区，因课制策——谈语文试卷讲评课》，《考试周刊》，2009（51）。 3. 下周将开两节试卷讲评课，请各位观摩并做好对比评课准备。	5月7日— 5月18日	教研组长、各备课组长	1. 告知书 2. 学习材料
	二、主体活动 按照"观摩课例—主题发言—议题讨论—突破引申—总结梳理"几个环节进行，具体活动内容如下： 1. 现场观摩一堂初一年级讲评课，并就思考问题展开讨论评析。 2. 各备课组介绍自己的经验和做法。 3. 围绕主题展开头脑风暴式研讨。 4. 邀请区教研员参与点评，提供相关信息与指导，聚焦并突破教学难点。 5. 梳理各备课组经验，初步形成试卷评讲课的操作要点。	5月21日	教研组长	1. 操作要点、备课组经验、教研员发言等书面材料 2. 活动录像或录音材料

续表

	内容与方式	时段	负责人	资料与成果
活动程序	三、后续跟进 1. 各备课组按照操作要点进行课堂实践，修改完善。 2. 组织骨干教师进一步整理资料，撰写并形成典型课例、学校试卷评讲课教学指导意见，提交教导处再安排一次教研活动，系统反馈教研成果。 3. 分类汇总资料并整理归档。 （注：开辟专题论坛栏目，利用数字网络平台反馈互动，关注教师智慧的创新和新产生的问题）	5月28日—6月4日	教研组长、备课组长、区骨干教师	1. 典型课例 2. 试卷讲评课教学指导意见 3. 活动反思及评价 4. 专题档案
效果分析	（提示：请对照研修目标，从三个方面反思分析——问题的解决、方法的习得、参与的情况、思想的变化等情况；尚未解决或生成的具体问题；下一步探究的方向与大致安排）			

这个研修方案有这么几个特点：

①研修的专题紧密结合实际需求，具体实在，切口小，便于教师展开操作性实践。尤其值得指出的是，方案中对此项研修活动开展的背景进行了初步介绍，体现出该专题的由来和价值，这一点往往被一些教研组长忽略。实际上，把这个问题想清楚了，制订的活动目标才能具有针对性。

②该方案的研修目标比较简明具体，但不局限于让教师学习掌握具体的方法，还要求在此基础上提升思考境界，即再一次思考和认识试卷讲评课的价值与作用。这种通过实践建立在统摄性观念基础上的思考，为在这个问题上促进教师们思维方式和观念的改变起到了积极作用。

③活动程序安排紧凑，内容与教师们的工作相匹配。在上述方案中，具体活动的展开正好同期中考试时间一致，这样就能较好地引起教师们的关注，使教师能结合当下的实际工作需求投入研修。研修专题和内容要尽可能

与当时的教学工作相结合，以便让研修与教学工作融为一体。

④注重资料的过程性积累。从这个方案中我们发现，每一个活动阶段皆有对此阶段需形成的资料和成果整理的要求，这不但体现出团队研修中的知识管理理念，也能够在方案的具体实施中提供很好的具体行动导向。

总体来看，这个研修活动方案基本能体现出有效研修的四个基本特征，即思辨性、体验性、引领性和实证性，立意较高，操作性强，若能具体落实到位，可以预见其效果不会差。

走向研修活动的课程化

为了适应教育教学体制改革和新课程实施不断深入的需求，广大教师和专业研究者不断创新，校本研修无论是内容还是形式都在逐渐发生变化，其中一个显著而重要的发展趋势是走向课程化。教研组长应看到这一发展态势，并在具体的实践中积极探索。本节将对此展开讨论，阐述笔者对这一问题的初步看法。

一、课程与研修活动课程化

"课程"是一个重要而古老的话题，具有复杂性和较多的歧义，目前，各种注解不下几十种，《教育大辞典》（1990年版）给出的界定是"为实现学校的教育目标而选择的教育内容的总和"。这是一个广义的解释，放之四海而皆准；从比较狭义的角度看，"课程"有三个定义："a. 课程是指所有学科（教学科目）的总和，或在教师指导下各种活动的总和；b. 课程是教学过程要达到的目标、教学预期结果或教学的预先计划；c. 课程是学生在教师指导下所获得的经验或体验，以及学生自发获得的经验或体验。"（张华，2001）这些含义较为经典，为我们当前认识与推进校本研修向课程化迈进提供了依据。

教研组的研修是校本研修的基础与主要方式，是基于教学新知建构的经验性学习。教师参与的研修，其本质也是一种课程的实施形态，但是，这种课程不同于一般的学生学习课程，它更多的是一种直接经验的学习，是一种在体验实践过程中的知识再构。因此，研修活动课程化，首先就是围绕专题，从课程设计的视角，将教研组的研修活动做整体的系统化设计，形成一个具有结构性的内容框架，然后依据这个框架内容，有计划、有步骤地实施，进而改变教研组研修活动的碎片化和随意性，整体提升研修效果。

二、研修活动课程化的特点

运用课程设计的原理与方法展开组内研修，主要体现出以下特点和趋势：

1. 课程的结构较为松散

这是因为教研组的研修内容是随着教学中出现的各种问题而变化，因此难以做到非常严谨和结构化。在策划设计活动方案时既要有一个系统的框架，包括研修目标、内容和资源开发等；也需要留有适当的空间，以便于根据实际情况补充调整，使研修活动始终处于灵活与开放状态。

2. 课程结构以实践操作作为逻辑主线

教师参与研修是教学经验的再构过程，离不开课堂中的实践和操作，只有通过连续性的亲身体验才可完成新旧经验之间的转化，实现做中学、做中悟的研修目的。

3. 课程学习的目的以解决教学问题为主

教师的学习是基于需求的自我导向性活动，教研组研修活动展开的动因是解决面临的实际问题，而这些问题通常是结构不良的复杂问题，因此，从某种程度上讲，研修活动是问题解决学习，包括问题诊断、验证归因、判断决策等。

4. 课程的实施过程重视任务驱动

这一点毋庸置疑，教研组研修始终是在突破一个个教学难点、重点中进行的，因此活动的策划开展也需要依据实际，构建起相应的任务链，不断激活教师的反思，将教师的思维引向深入。

5. 研修经历同时也是课程创生的过程

有效的教研组专题研修，能够在其进程中生成比较丰富的研修成果，这些成果是极其宝贵的课程资源（雏形）。教研组长在研修进程中引领组员搜集、整理、提炼，最终构建起相关的专题研修课程，因此，研修活动同课程创生不是先后的线性排列，而是互动共生的关系，教研组的全体成员都是课程开发的参与者和实施者。

三、如何实施研修活动课程化

实际上，本章前面所述的研修活动策划步骤，整体上已初显课程化的端倪，就实施探索情况来看，教研组研修活动课程化也取得了一定的成果和经验。比如，上海市西南位育中学数学教研组经过长期的探索积累，建立起了基于夯实教学基本功的六大专题模块研修课程，即解题规范专题系列、板书基本功系列、命题基本功系列、课堂导入基本功系列、例题教学基本功系列和课堂小结基本功系列。每一个系列相对独立，自成体系，同时又有一定的内在联系，在实际实施中可以根据需要灵活组合。又如，上海市徐汇区上海小学各个教研组围绕教师学科教学知识（PCK）发展的专项研修课程系列，包含有效合作学习专题序列、课堂观察工具开发专题序列等。

在一些学校的教研组，随着研修专题的不断深入，教研组长组织教师将资料和成果同步整理，形成各类由课例视频、案例分析、课件PPT、专题文献等组成的课程资源包（库），研修活动与课程开发同步进行。

尤其值得关注的是，在课程化实施教研组研修活动的实践中，一些教研组分析梳理学科教学中的关键问题，运用系统化的思想开发出自己的研修课程，其基本步骤如图2-2所示：

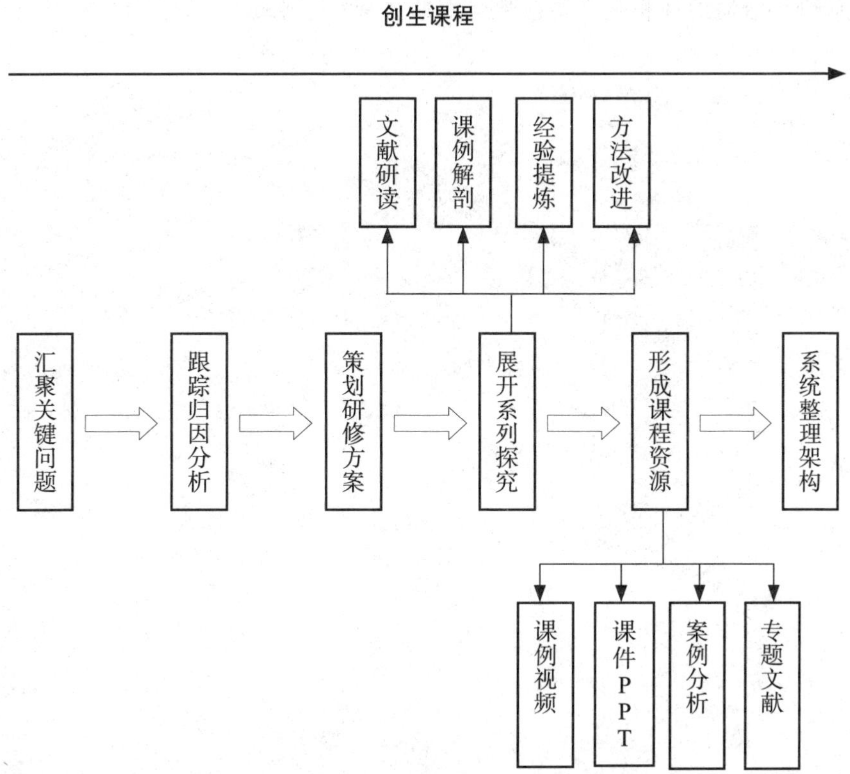

图2-2 研修课程开发的基本步骤

可以发现，教研组研修活动课程化，可能带有明显的课程生成性，如英国课程理论家斯腾豪斯提出的过程模式那样，是在教研组长的组织引领下，集众人之智慧，展开问题解决进程，进而构建起相对系统的、结构性的、便于吸纳的新信息，实施动态调整、后续传承的组本课程形态，它不是一般理解中的形成一个貌似结构严密的课程文本，然后拿来培训教师的活动。可以肯定，教研组研修活动的课程化为教师的新知建构创设出更好的载体与学习环境。

延伸思考 >>>

（1）如何抓住本源要素策划有效的教研组研修活动？
（2）研修活动的课程化关键应聚焦哪些方面？

第三章
立足于"浸润"的研修活动开展与评估

所谓"浸润",本意是指慢慢地渗入。在这里,我们借此比喻教师在教研组的研修活动中,心智始终被一种强烈的信息环境包围,借助实际的操作实践和体验反思,将这些信息与内心建立起实质性关联并积极展开互动,进而纳入经验体系,实现建构性学习。通俗地讲,就是让教师的身心真正地"沉浸"于具体的研修环境,增强其体验,促进其感悟。上一章论述的有效研修活动的基本特点及其策划步骤,为我们取得这样的活动效果创设了条件。然而,要将文本性的活动方案或计划付诸实施,使其"落地",转化为具体的"浸润"性活动过程,仍有很多问题值得探索,本章将就此展开具体论述。

基本策略与技能

从另一个角度讲,教研组的研修活动也是组内教师之间、教师个人与外界环境之间的互动与沟通。依据研修活动的内在机制,教师通过互动与对话获得对自身经验体系的再构。需要说明的是,这种互动与对话同时也是一种知识的转化、传递和共享过程。所有这些,都是为了使教研组内教师之间的互动不仅停留在表面的行为互动，而是形成一种建立在满足他们情感需求基础上的专业性思维互动（或称作意义互动）。只有这样的互动，才具有实质性价值。鉴于这一思考，下面我们给出并探讨开展教研组研修活动的四个基本策略和三项基本技能。

一、提前预热，唤起教师的专业反思

学生的学习需要预热，教师参与研修同样如此。有经验的组长非常重视研修活动之前组内教师的预热活动，让全体教师有所准备，带着对研修专题的思考和已有经验参与研修，这在前面研修活动方案策划的示例中已有所体现。为了进一步说明其重要性，下面就一位小学数学教研组长专题研修活动之前预热安排的改进案例进行分析。

下一周的教研组研修活动即将来临，组长拿出本学期的研修计划，重温有关内容。尽管开学初向大家解读了计划，但随着时间流逝，老师们可能有所淡忘，于是组长决定友情提醒一下，好让大家有所准备并做好安排。她草拟了一则活动通知：

通　知

根据本学期研修计划安排，现决定于下周三下午 1:30 在第一教学楼 305 会议室举行研修活动，专题是"几何图形的有效教学"，请大家做好准备准时参加。

数学教研组

通知发出后不久，不少老师来问："具体活动内容是什么？"有的则打听："我们需要做哪些准备？"显然，上面的提醒更像是一次例行的工作布置，它主要告知了本次活动的内容、时间和地点等信息，唯一的作用是提醒大家安排好自己的工作，准时参加。事实说明，这样的任务布置，对即将开

展的活动的作用是极其有限的。好在这位组长事后马上意识到了这一点，为了改变这一情况，在对前期活动进行梳理后，随即把此项提醒做了修改，重新在校园网上发布，具体内容是：

下周活动预告

【活动缘由】

各位同伴，大家好！按照本学期研修计划，本次研修专题是"几何图形的有效教学"。上次活动，我们主要研讨了两堂课，通过磨课，大家对几何图形教学的基本环节有了初步认识。但是，后来在听课中，我们发现，具体教学时让学生"动手做"的效果不太理想，尤其是如何通过学生的"做"，促进其对新概念的理解更是有问题。而这种教学方法又是熟悉而常用的，为此，我们决定就这个具体操作性问题展开研究。

【活动时间】

下周三下午 1:30

【活动地点】

第一教学楼 305 会议室

【前期准备】

（1）思考如下问题：

①在几何图形教学中为什么要让学生动手做？

②你在这方面有哪些体会和经验？请准备实例说明。

③在这方面，你有具体困惑和问题吗？需要哪些帮助？

请根据上述问题每人做好 10 分钟的发言准备。

（2）下周届时将再开两节研究课，请各位观摩并做好对比评课准备。

（3）推荐学习材料：

①《小学数学教学的理论与方法》（华东师范大学出版社，2002 年版）第十章《几何教学研究》。

②《浅谈小学数学课堂教学中的有效操作》(《小学数学教师》,2001年6月刊)。

③《浅谈"做数学"中的动手操作活动》(《中国小学数学教育》,2002年8月刊)

请各位利用这段时间关注和思考,期待您的参与和高见!

与第一份通知对比,这个预告是经过精心准备的,它的主要作用在于唤醒教师的反思,因而具有这么几个特点:一是活动产生的背景和缘由比较清晰,研讨专题源于组长的日常观察;二是提出了对专题的思考建议,具有指向性;三是提供了需要研读学习的有关资料,为教师的反思做了资源支持。这样的预告实际上就是活动之前的引领,教师通过这些准备性的活动与学习,至少能针对提示具体反思已有经验并结合文献学习,对这些经验进行初步的自我加工,真正做到在思想上和资源上有备而来。

从上面的实例可以看出,研修活动之前的预热,目的在于激活参与者已有的经验,让参与者展开初步的自我反思和梳理,同时学习相关文献,让他们怀着某种期盼和经验投入即将开始的研修。前期预热的要求和内容必须具体明确,内容包括此次活动开展的缘由、具体的活动内容、值得思考的问题和可供研读学习的材料等,让老师们先明白在活动之前"做什么""为何做"和"怎样做",帮助他们建立起初步的思考框架和经验,带着思考的"初产品"来参与。从这一点来说,提前预热这一环节实际上是对利用好教师已有经验的一种尝试,也为活动开展提供了逻辑起点,构成了整个研修活动的重要部分。这个策略需要组长在具体实践中不断探索改进,以生成最大效益。

二、构建任务链,驱动教师展开连续性探究

任务驱动是教师研修的一大特点,由问题、困惑、兴趣等因素生成演化

而来的各项任务则是研修有效进行的驱动源，这个驱动源的强弱取决于任务的针对性、思辨性和挑战性；而驱动的连续性则取决于研修任务的关联性与递进性，研修任务的强度与连续性虽在研修活动策划阶段有整体考虑，但在具体实施时还是要根据实际需要及时调控。下面是上海市徐汇区第一中心小学语文教研组围绕"教学目标如何分解"专题所展开的研修活动，其主要生成的任务链及其相应的过程如表 3-1 所示：

表 3-1　研修活动任务链

任务链	具体内容
寻找问题	作为对教师教学情况的诊断，组织了一次教学评比，之后评委专家向教研组长反馈了情况，发现一些教师在一堂课中具体落实单元教学目标方面存在问题，导致课时教学目标偏离。
研读文献，听名师报告	倾听不同学者从不同角度对"单元教学目标如何具体分解为课时目标"的分析，理清思路，弥补教师的知识盲区和缺漏。
案例剖析，获取初步经验	在备课组长的组织下，以备课组为单位，选择本年级一个单元，对单元目标如何分解并落实到课时分头实践，通过交流和比较，初步提炼一般步骤、方法和关键点。
竞赛演练	（原来的方案中未安排，此任务为临时增加的，意在增强活动的挑战性）教研组安排时间组织全体教师集中进行专项竞赛，作业提交专家评审，旨在内化上述知识，检验研修效果。
答疑互动	邀请专家，组织一次对竞赛作业的反馈点评，让教师带着具体问题与专家展开对话，解惑明理，进一步修正、明晰和丰富教学目标分解的相关知识。
反思延伸	（此任务为临时增加项目，意在巩固学习效果）教师分头撰写研修体会，交流经验；组长对活动效果进行分析反思，形成文字，挂网共享。 就教师的具体课时目标怎样设计转化为与之匹配的教学活动展开后续探索，每位教师设计一份教案，为接下来的课堂实践做铺垫。
……	……

由此例可见，研修活动中的任务链是研修方案的现实体现，任务与问题往往互为共生，问题和需要产生探究任务（如上例中的竞赛演练和反思引伸两个任务的加入），新的任务又会生成新问题，教师就是在这种互动交替的漩涡中展开有效探索的。鉴于这样的认识，教研组长在开展活动的过程中，要以活动方案为线索，牢牢把握重要的活动环节与内容，同时敏锐地发现新情况，及时对活动进行微调，让任务链驱动下的研修不断激活教师的思维，将反思引向深入。

研修活动中的任务设置要注意三点：

• 任务要适切，紧密联系实际需要，将操作点落在教学经验的"最近发展区"，仔细分析和抓住教师"知"与"不知"的纠结区域。

• 任务要尽可能连续，面临不断产生的问题，组长要学会从多角度及时嵌入跟进恰当的学习或操作任务，让教师的体验更加系统和深刻。

• 任务要能让教师全身心地投入，充分调动教师的各种感官，让教师在"做中学""做中思""做中悟"的实际体验中实现教学智慧的生成。

显然，研修活动开展中对脉络的把握、巧妙的任务设置，突显了教研组长对研修本源的理解和行动的智慧。

三、引入沟通技能，促进实质性的互动与共享

日本学者野中郁次郎曾提出团队互动中知识创新的 SECI 螺旋模型理论。该理论把知识共享的环境和场所定义为一种"场"，它是由物质的、虚拟的、心灵的因素构成的空间，平时我们所说的教师群体研究氛围或文化就具有这种含义。有效知识共享中的"场"可以分为孕育场、对话场、系统场和实践场，在这样的组合空间内，知识的创新主要是通过"S（Socialization）——共同

化""E（Externalization）——外在化""C（Combination）——联结化"和"I（Internalization）——内在化"四个过程来完成的，基本关系如图 3-1 所示：

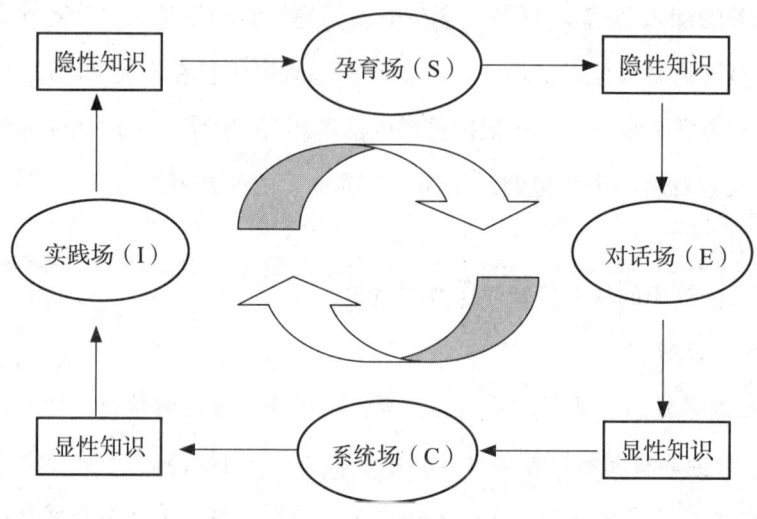

图 3-1　知识共享与创新模型

由图 3-1 可见，教师在与同伴沟通交流时，首先需要有一个能够自由谈话、产生想法和思路的场所，而孕育场就具有这个作用，如学校中的办公室、会议室甚至教室、休息室、餐厅、走廊等，这些地方提供了传播、转移和扩散个人隐性知识的空间。教师通过思考性的倾听、观察、模仿等来领悟和理解蕴含在他人行为中的技巧、经验或思维方式，从而使个人的隐性知识共同化。然而，此刻的共同化仅仅处在理解和感知阶段，创新成分不多。

教师个人的隐性知识只有通过对话才能被激活，变得明晰并且被传播。我们平时强调教师要把知道的尽可能说出来，说清楚，就是这个道理。对话场实际上就是一个使隐性知识显性化的场所，在孕育出各种思想观点的同时，及时地用适当的文字、语言等符号表达出来，转化为集体的显性知识，比如，研修活动的过程记录、每个成员准备发言的提纲等。需要指出的是，一个良好的对话场应该是同伴间的对话与教师个人的自我对话交织的产物，同伴之间的对话应该是开诚布公、实事求是的；教师个人的自我对话则是最真实的，它是辨别消化他人隐性知识的过程，所以要力求客观，只有同伴间的对话和自我对话互为作用，知识的创新才得以实现。孕育场和对话场在很多情况下可以是同一场所，它们的发生也不一定有严格的前后次序，但是从知识创新的角度看，前者是产生新知识的萌芽，后者是催其显现、生长的雨露和土壤。

在野中郁次郎的理论中，把对话场作用下产生的个人显性知识关联、组合，主要是通过系统场中的联结来完成的。比如，对某一教学问题，将张三、李四、王五等的想法加以分析、概括和提炼，形成大家一致的观点和解决策略，并且以研修活动的反思性总结、学校教学专题知识库等形式予以呈现，借以不断丰富学校组织的知识资源，促进传播与共享。

所谓实践场，就是教师通过学习来自外部的显性知识，并且把它同自己原有的隐性知识进行实质性的连接，内化为更加有用的隐性知识，其主要途径是操作运用，说出来的要能做出来，这样，认识上就能产生飞跃。

显然，在具体的知识共享活动中，四个场并非简单的线性排列，它们的运作相互融入，呈螺旋式上升。一次有效的研修活动应是这些场的构建与综合作用的结果。

分析 SECI 知识共享与创新模型，我们对研修活动中的"沟通"行为会有更深刻的理解。这里的"沟通"包含很多玄机和奥秘，它追求教师之间的"心灵互动"（即思维互动），在这个进程中实现经验和知识的螺旋式提升。要达到这样的境界，需要一定的操作技能，教研组长有必要了解并应用和掌握这些技能。

1. 教师想法的呈现技能

在研修活动的集中研讨阶段，如何将教师个体的想法、观点呈现在众人面前，以便于大家进行比较、相互补充进而理出线索？除了口头表达交流之外，一些学校的教研组还设计并运用了一种工具——创意板，作为呈现汇聚的载体。

所谓创意板，是指针对某一专题，在教师充分交流的基础上，由主持者安排，教师分别独立地以匿名的方式写下自己的意见（如主要问题及改进建议、引发的新问题等），集中汇总在一块展板上，然后组织教师观摩点评。"创意板"是开展知识共享的一种形式，也是研修活动中团队学习的有效工具，其中包含丰富的教学创意和智慧。

实践证明，创意板的合理运用能够最大限度地引导同伴的参与，增强教师的自主意识，营造浓郁的研讨氛围。下面是上海市徐汇区汇师小学语文教研组围绕"单元教学中读写结合有效性"这一专题，在开展同课异构之后的研讨中所呈现的"创意板"，如图3-2所示。

图 3-2　研修活动中创意板的运用

"创意板"可以有各种形式，如果研讨是多主题的，可先将整个展板划分为若干个主题区域，让教师把自己的想法分类呈现于相应的区域；此外，在教师呈现出想法、观点之后，组长应安排一定的时间组织教师观摩。在观摩他人意见的同时，可将自己的反馈建议直接写在同伴的意见下面。

这种交流共享的技能实际上是鼓励教师不仅要说，而且要动笔写，让自己的想法经过再加工，更清晰地呈现给大家。它比一般的口头交流更加深入，同时也便于当场点评以及事后对这些文字进行归纳整理。

2. 实质性互动技能

研修进程中的实质性互动就是消除表面的、未能触及心灵的那些互动形

式,增强语意的冲击力和精准度,可以从三个方面展开实践:

(1) **敞开心扉,坦露自我**。教师需要暴露内心才能得到别人的有效回应。研讨中,教研组长应带头适时鼓励他人探究自己的看法或主动深入地探询他人不同于自己的观点,以此创设宽松的话语环境。

(2) **学会倾听与回应**。怎样做到良好的倾听与回应? 首先,要根据当事者对别人倾听与回应的渴望程度而定;其次,要给予当事者充分的表露时间,彼此用心聆听,自由交换这些想法,接下来的谈话将变得开放。期间要降低习惯性的防卫心理,教师不能因为害怕自己水平低,怕被别人冷落甚至取笑而不给予回应,同样也不能因为竞争心理怕别人超越自己而故意隐藏想法。

教研组长在团队研讨过程中,必须率先做好倾听与回应,表 3-2 显示了几种回应的类型和表现:

表 3-2 研讨过程中回应的类型和表现

效果	类型	表现
负效回应	错误评估	曲解或误解他人意见,主观妄下结论。
	随意打断	不加克制,随意打断他人的发言,造成发言者的不悦或尴尬。
无效回应	没有反应	对他人的意见失聪,不做判断,让人迷惑。
低效回应	一般肯定	简单肯定他人的意见,如"是的""好的"等,无实质内容。
	一般否定	简单否定他人的意见,如"不对""不同意"等,缺乏理由。
	重复他人观点	再次重复或简单强调他人的意见,无自己的想法。
高效回应	提供线索	给出思考解决问题的线索,并具针对性和实用性。
	适当拓展	对他人具体的意见做出适当的拓展,开拓众人视野。
	质疑引申	不拘泥于表面结果,从多个角度提出疑问,引导众人深思。

教研组长在组织同伴互动研讨中,应注重锤炼高效回应的技能,要经常运用有效的组织语言、提问语言、归纳语言、评价语言和引申语言,调控活

动,增强互动中教师个体的反思力度,让互动从一般的水平式的经验交流向富有挑战的纵向式深入研讨发展。

(3) **适时调控**。由于教师对问题的看法、思维习惯、经验积淀等存在差异,研修中的互动会出现某些状况,这些状况有时会影响探讨的走向与发展,制约着互动的效果。教研组长需要敏锐察觉,及时介入调控,将教师的互动引向深入。一般情况下有四种情况需要教研组长的介入干预。

①教师的讨论出现偏离时。在一些教学研讨中,教师的话题会偏离专题,教研组长要及时发现并加以纠正。比如,某小学数学教研组就"在长方形特点教学中如何指导学生通过实际操作来发现图形特征"这一问题,发生了以下对话:

教师1:刚才李老师的这堂课上得比较成功,尤其是在指导学生操作环节上,课件设计得独到新颖。

教师2:是啊,我特别欣赏李老师的课后作业——创设轴对称,能让学生学以致用,深化对知识的理解。

教师3:李老师课上用的素材还可以进一步改进,让低年级的孩子更容易接受。

(教师们七嘴八舌,对这堂课的亮点与不足提出看法,从教师2开始,主题渐渐偏离)

教研组长:大家的想法都有一定的道理,但是,时间有限,我们不妨集中讨论李老师是如何运用实际操作手段引导学生从实物到图形,一步步发现长方形的特点的,我们来看看哪些方法有效?哪些值得改进?

(后续活动围绕教师引导学生动手操作环节继续)

显然,教研活动中的纠偏是考查教研组长对活动目的的清晰把握,以及对教师话题的敏感觉察意识与能力的重要标志。对于教师群体的话语走向出现偏差,教研组长不能熟视无睹甚至盲目跟随,必须"言归正传",在变化中把好关。

②教师的研讨出现阻塞时。有时，由于受知识经验的局限，教师的研讨会出现阻塞现象，即讨论不下去了。比如，某校语文教研组围绕"三年级文本概括能力培养"专题，在观摩了《动物的休眠》一课教学后展开了如下对话。

教研组长：各位老师，《动物的休眠》是一篇说明文，三年级确定以"学习1—3小节，概括蝙蝠休眠的时间、地点、方式"作为概括能力的训练点，是否合理？

教师1：十分合理，因为这是一篇说明文，让学生掌握蝙蝠休眠的特点是教学目标，运用概括的方法就能落实。

教师2：我也认为合理！因为概括能力训练是本单元的主要能力训练点，而课文对蝙蝠休眠的时间、地点、方式都做了介绍，提炼词句概括可帮助学生掌握课文的内容。

（其余教师频频点头）

教研组长：我在学习《语文课程标准》时，发现里面提及"学生听故事、看音像作品，能复述大意"，我就在问自己"复述"与"概括"的区别在哪里？

（教师议论开来）

教师3：概括是要用简练的语言清楚表达一件事情、传递一个信息；复述就是内容的表现比较丰富。

教师4：复述是积累语言的目的。

教研组长：复述分为三种：详细复述、简要复述、创造性复述。简要复述的语言也是经过提炼的，那么简要复述与概括有什么区别呢？

（教师群中有议论，但显然说不清楚）

教研组长：刚才，陶老师上的《动物的休眠》一课，教学目标之一是"通过表格梳理蝙蝠和海参休眠的特点，了解课文的主要内容，并用简洁的语言向大家做介绍"。这样的表述归属于概括训练吗？

（教师个个面露疑惑，会场进入长时间沉默，教研组长有些着急，但又

不知如何继续）

　　显然，教研组长是在不断用一些问题来启发教师的思考，但是，随着对话的深入，教师的思维陷入了阻塞。姑且不论这位教研组长提出的问题是否得当，单就对话无法延续这一情况看，教研组长必须要有一定的技巧和智慧来加以改变。比较有效的做法是，暂时给出某种结论，让同伴去辨析；还可以组织教师学习有关文献资料寻找答案；另外可以邀请有关专业人员介入指导。总而言之，面对研讨的阻塞现象，既不要回避，不了了之，也不要妄下结论，草草收场；当活动无法延续时，不妨留出时间引入专业资源，解惑释疑。

　　③教师的研讨出现"趋同"时。这里的趋同之所以加上引号，实际上意味着是一种假趋同或是一种肤浅的表面一致，它往往是由于受教研组内的权威、骨干影响，其他教师被动附和而产生的不正常现象。在这些权威、骨干大量输出信息时，形成了思想一边倒，其他教师无机会表达想法。教研活动过早定调不利于教师深入沟通和产生思维火花，因此教研组长需要及时干预。下面是某小学体育教研组在研讨弹性化教学目标制订时的对话片段。

　　教师1（教学骨干）：有了弹性化目标，我觉得学生上体育课的热情会更高涨，对体育学习的积极性、自信心更充足了……以跳绳为例，在弹性化目标的指引下，学生从情绪、心理上减轻了对跳绳的恐惧，产生学习的欲望。总之，弹性化教学目标的制订已达到了预期的效果。

　　教师2（青年教师）：是啊，我觉得弹性化目标是针对学生的能力来实施的，真正实现了体育课的目的是提高学生的身体素质、提高学生自主锻炼的能力，学生的成绩也得到了显著提高……

　　（此时，教师纷纷发言，谈自己的体会，大家都说好话，交流活动俨然成为优点罗列）

　　教研组长：大家对弹性化目标的优点讲得比较多，但我在想，还有没有问题存在，还有哪些方面可以完善，使这一目标导向下的评价方式更适合学生发展？

显然，教研组长的及时介入干预，让教师们冷静下来思考问题，研讨真正进入正轨。顺便指出，为了让研讨不过早地被少数人垄断，有些教研组长提出了让"弱者"先说、众人补充、"强者"最后概括提升的策略，使所有老师都能够较为充分地表露想法、观点，同时也在一定程度上发挥了教学骨干的作用。

④教师的研讨出现分歧时。教学研讨就是头脑风暴，教师们会有不同的想法和观点，有时会争锋相对。比如，某小学数学教研组在讨论"作业批改有效性"的话题时，出现了以下情景。

教师1：学生题目做错了，我就让他擦掉订正，这样以后复习的时候，他看到的就是正确的答案，而不会受错误答案的影响。

教师2：对于错题，我都是让学生在旁边改正，错的答案不要擦掉，这样学生就知道关于这个知识点他曾经错过，起到了强化作用。

教师1：学生都订正了就没必要还把错的放在那儿了吧！

（研讨进入交锋阶段，大家各不相让）

教研组长：大家讲的似乎都有道理，我建议你们两位可以在一段时间内分别用两种方法去试试，做一点比较观察，看看效果，回头我们再来分析……

教师在研讨中出现分歧实属正常，教研组长要善于利用观点、做法的差异，组织进一步的实证性课堂探索，让事实说话，而不能简单下结论或一般性地做和事佬、捣浆糊。

在研修活动中，教研组长的调控是对活动的及时介入和干预，体现出组长的专业智慧，组长要学会成为"聪敏的无知者"，在引领、追问中引导教师之间的互动。

3. 知识的系统与结构化概括技能

教研组在研修活动中生成的各种想法和观点需要梳理并将其系统化，进行结构化加工，这样的研修成果才便于教师的整体内化与迁移运用。这样做可以避免活动之后教师的头脑里还是一团乱麻，理不出头绪，同时，这样做也有利于研修成果的积累和效益转化。

思维导图是人们思维外显化的有力工具，它可以成为研修活动中教师个人思考的整理手段，也可以作为揭示集体智慧生成路径以及各部分内容关系的方式，促进经验的系统化、结构化。下面是某校外语教研组围绕"小组合作学习有效性"专题展开研讨形成的两个思维导图的过程。

通过研读有关文献，教研组在交流讨论中就合作学习有效性的基本要素梳理成的第一个思维导图如图 3-3 所示。

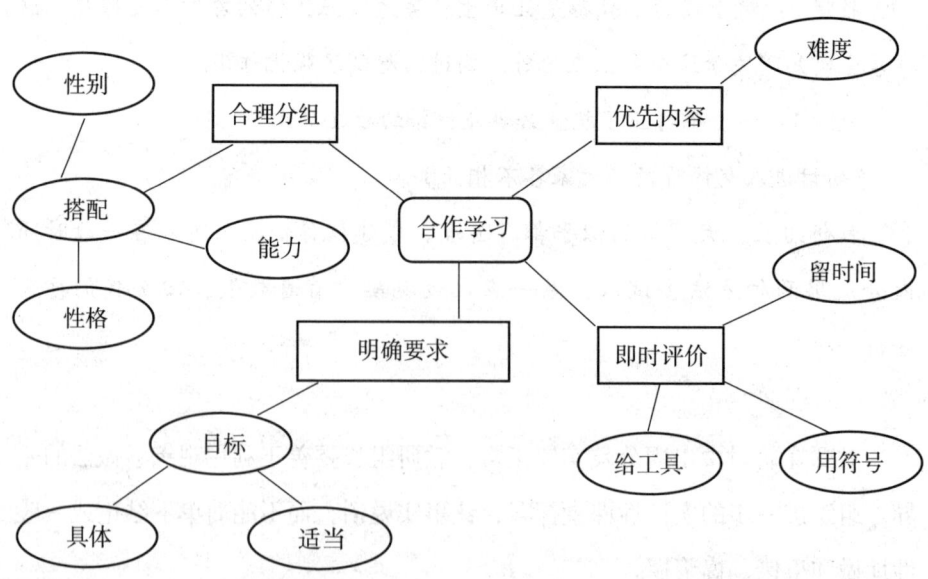

图 3-3 某外语教研组"小组合作学习有效性"专题研讨思维导图 1

图 3-3 的思维导图揭示了有效开展合作学习的四个基本要素，即优选内容、合理分组、明确要求和即时评价，每一个要素又可以细分为若干实施内容。这是对合作学习实施的整体框架描述，让教师们对此有一个总体印象，便于后面的具体探索。

作为连续跟进，教研组选择了其中的要素——合理分组中的人员搭配，开展了课堂实证与课例分析，结合文献与专家的建议，对此问题进行了深入具体的探索，并对原图中的内容进行了调整，形成了第二个思维导图，如图 3-4 所示。

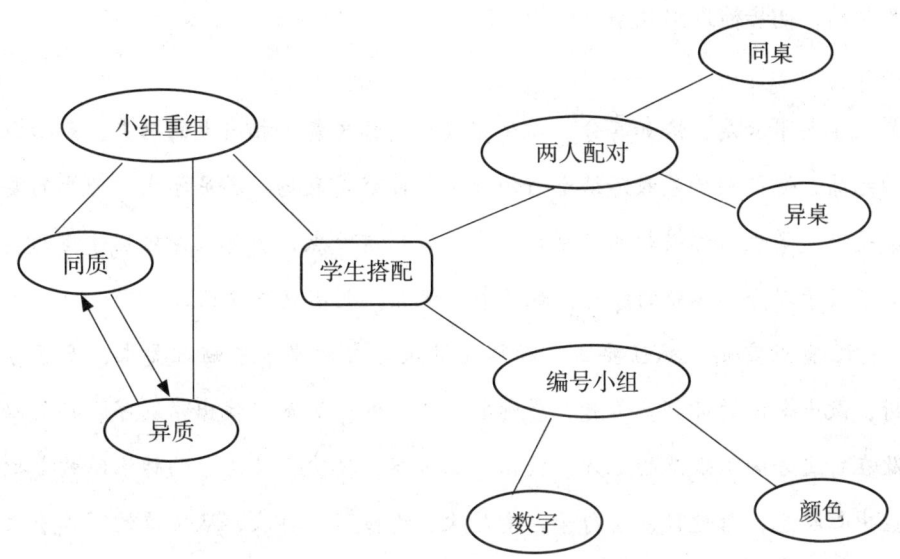

图 3-4　某外语教研组"小组合作学习有效性"专题研讨思维导图 2

在随后的研修中，他们继续就其他几个要素分别展开深入探索，最终形成了一个包含 14 个操作细节的合作学习实施操作体系，有效解决了这个教学问题。

需要说明的是，上面两个思维导图是研修进程中的过程性产物，随着教师深入互动研讨，经过众人的沟通，将各种观点加以修改、删减归并而成，其形成本身就是零碎、片状经验系统化、结构化的加工过程。如今，随着现代信息技术的发展，电子思维导图等软件的相继开发利用，可以预见，上述知识梳理功能将在研修活动中发挥愈来愈大的作用，极大地提升教师沟通交流的知识共享效率。当然，这项工具的使用，对教研组长临场观点辨析、提炼分类、表达呈现等能力是一个不小的挑战。

除了运用思维导图之外，教研组长必须在研修活动的整个过程中，始终树立经验梳理的意识，养成知识整理的习惯，及时把散乱的知识进行分类、概括和延伸。

（1）相关方法策略的梳理。某小学语文教研组在研讨"作文的有效批改"后，初步梳理出几条可行的方法：

①实事求是，恰如其分。学生完成一篇作文费了相当大的功夫，是心血的结晶，他们期待着教师给个好的评语，最好是表扬。满足学生心理上的要求是激发学生写作兴趣的一个良方。要做到这一点，教师应该根据学生的实际情况予以恰如其分的评价，既不夸大优点，也不放过缺点。

②重点突出，抓住要害。教师在批改作文时要紧紧瞄准要求，客观分析，做出全面的评判。首先，教师要对全文做一浏览，找出错别字、病句以及在行文方面不规范的地方，提出改正方案；其次，从文章的脉络结构上把握中心思想，看题目、看句子、看层次、看段落；再次，从文章的写作手法上着眼，对文章的遣词造句、布局谋篇、修辞手法的运用等方面加以剖析；最后，在完成对思想、结构、特点评析的基础上，写出评语。

③眉总结合，全面分析。学生在写作时常常出现语句不通、关联词用法错误、上下句联系不紧密等问题，读起来拗口。教师应采取眉批的方法，在语病处提出修改意见（教师切记不要代学生修改）。最后教师对文章进行全面的总结分析，给学生指出今后在写作中的努力方向，促使其水平不断提高。

④恰当褒贬，掌握分寸。给学生作文下评语，要做到恰当褒贬，更多的

是肯定优点。每次提出的学生的缺点最好不要与上一次重复。

⑤因人而异，及时鼓励。评价学生的作文，应做到具体、因人而异，尤其是命题作文，一个班三四十个学生，同一个题目，甚至同一体裁，教师给学生作文写评语不可千篇一律，而要评出学生的个性、评出特色。这就需要教师不仅要看文章本身，而且还要结合文章思考学生的爱好、性格、家庭情况、文学素养以及交朋会友的习惯等。

（2）**主要思路的梳理**。这是知识梳理的第二步。教研组长不应满足于方法策略的梳理，要在此基础上进一步思考，提炼出解决问题的基本思路，帮助教师继续思考和实践。

某中学艺术教研组围绕"初中艺术教育中如何体现育人价值"这个专题，通过对一堂初二音乐课的分析，用简洁的语言整理出艺术课体现育人价值的四条教学思路：

①依据课程标准，细化教学目标。
②捕捉教学契机，即时拓展渲染。
③调动多种感官，深化全体体验。
④抓住学习重点，鼓励求异创新。

教学思路的提炼具有更好的迁移性，能够为教师的持续研究创设空间。

（3）**对遗留问题的梳理**。比如，某中学化学教研组研究"氧化还原反应教学"之后，教研组长集中大家的感受，梳理出三个尚待解决的问题：

①高一教学中可否删除配平内容？
②如何在元素化合物等内容的后续教学中渗透氧化还原反应？
③在高二、高三复习课中如何建构氧化还原反应同原电池、电解池的关系？

问题的梳理是一种必要的延伸，能够启发教师不断思考，也是教研组长的一种专业引领。

（4）经验知识的综合梳理。这种梳理，就是综合上面三条梳理思路，从问题解决的方法策略、主要思路、遗留问题等角度把本专题研修活动形成的结论进行系统整理，把框架性、结构性的知识呈现出来，同时反馈给组内教师，类似于撰写一篇研修活动综述，对研修进行系统总结，形成知识积淀。

研修过程中的知识梳理一般有三种情况：一是在研讨进程中的阶段性梳理，这既是对前期活动的小结，也是为后续的活动指明方向；二是整个活动结束之后的总结性梳理，这种梳理是集体的共识与智慧结晶，带有结论性；三是互动过程中的及时梳理，具有介入调控性质。无论是何种情形，教研组长都需要审时度势，灵活处置，通过恰如其分的梳理，让教师感到有所启迪。

四、注重样例示范，减少教师理解的障碍

教师参与研修活动的主要目的是学习并掌握解决教学疑难问题的具体方法和技能，说到底，就是要用得上、用得了。因此，教研组长在具体开展活动时除了提供资源信息，弥补教师的知识缺漏，还必须开发并利用典型案例，减少教师理解与具体操作上的障碍，尤其是基本功培训型的研修活动更要如此。

在教研组的日常研修中，有时为了探寻和掌握一种改进教学的方法或策略，教研组长可以先用较多的时间和精力向老师们提供一个操作样例，让老师们通过对样例的深入解读理解该样例的形成过程和操作，再在实践中形成新的样例。如此不断完善，构建起样例群。这样的研修活动，使组内教师真正掌握方法与策略的内涵，内化新知。一般来讲，样例的示范引领需要经历以下几个步骤。

（1）研制样例。围绕探究专题，在教师明白其背景的前提下，组织组内骨干或某个备课组先走一步，率先实践，形成一个基本范例，作为教研组后

续研讨的"靶子"。

（2）**解读样例**。组织组内全体教师讨论样例，由研制者详细介绍样例研制的基本过程、主要内容、环节和操作以及研制的感受与教训。在此过程中，组长应及时介入，启发教师并揭示样例背后所体现出的思想方法。

（3）**完善样例**。在解读的基础上，教师们对样例提出修改建议，反馈给研制者，研制者对原样例进行修改完善，并再次组织讨论。

（4）**迁移样例**。教研组长组织教师（或备课组）分头展开实践操作，研制出自己的样例，以内化其中的思想方法。

运用和发挥好典型样例的示范作用具有积极的意义，它能够减少教师在操作实践中的障碍，增强其体验，帮助教师展开积极的内化，进而比较顺利地实现由理念到行动的转化。这项策略的有效与否主要看样例是否典型、是否具有一定的涵盖性、解读是否深刻（尤其是样例所隐含的主要思路及方法）以及在样例完善迁移过程中教师的参与程度和体验的深度如何。在这些环节上，教研组长能发挥的作用不可小觑。

课堂教学实验与课例研究

前面我们介绍和探讨了教研组开展研修活动的若干主要策略及其技能，研修既是修炼，也是探索教学的未知，当前研修活动越来越讲究科学的实证性，即要用事实和数据说话。为此，一些学校的教研组运用科学研究的方法展开研修活动，具体来说就是，采用实验法和课例研究对课堂教学进行探索。本节内容将对这两种方法做简要的介绍。

一、教育实验法

说到教育实验法，不少教师包括教研组长都会感到有点神秘，认为这种方法要求比较高，操作起来比较难，有敬而远之的心理。实际上并非如此。下面是一个比较典型的运用教育实验法的例子：

前几年，某小学语文教研组的教师发现学生对抄写生词心有怨言，差错率也较高，于是在教研组长的带领下展开了实验研究。他们首先确立了两个实验班，每上完新课，A班学生把每个词抄写4遍，B班学生把每个词抄写8遍。两周后，集中检测新词默写情况并对成绩进行比较。然后，两班互换，每上完新课，A班学生把每个词抄写8遍，B班学生把每个词抄写4遍，两周以后再进行默写检测并做成绩比较。经过两次检测，教师发现，两个班的成绩无显著性差异，于是得出初步结论：词语抄写的记忆巩固程度与抄写的遍数关系不大。于是，教研组调整了新课上完之后新词的抄写遍数，减少数量，强化指导，提高质量。

这个例子告诉我们，选择或改进一些教学方法往往可以通过简单的实验来实现。那么，什么是教育实验法？如何运用该方法呢？

1. 何谓教育实验法

教育实验法是研究者运用科学实验的原理和方法，以一定的教育理论及假设为指导，有目的地控制和操纵某些教育因素或教育条件，通过观测与所控制的条件相伴随的教育要素或教育现象变化的结果，来揭示教育活动规律的一种方法。它是自然科学研究方法在教育科学领域中的运用。

实验研究的基础与核心是实验假设，就是实验者依据自己的经验对实验因素与教育效果之间因果关系的一种假定性推测。比如，对于电灯不亮的原因、小孩哭闹的原因的推断等。

2. 教育实验法的特点及类型

实验研究必须关注三个变量（或因子），即自变量（操作变量）、因变量（实验结果）、控制变量（自变量之外的其他因素），还要理解满足变量之间因果关系的三个条件：

- 共变关系：自变量与因变量朝着同一方向变化（如学生自主探究与解物理题能力之间的共变等）。
- 延时效应：自变量先变，因变量后变（效果的后续显现）。
- 控制无关变量：尽可能减少和消除无关变量对结果的影响（如教师的水平差异、班级的情况差异等）。

由此，我们可以归纳出实验研究法的四个特点：

- 以实验假设为前提。
- 对过程实施积极主动的控制。
- 探究变量之间的因果关系。
- 具有可重复性（相同实验条件下，可以在不同地区、不同学生身上获得同样的实验结果）。

实验研究的类型有三种：

- 单因素实验：自变量仅一个（如在学生抄写生词实验中，自变量是抄写遍数）。

• 双因素实验：自变量有两个（如在小学语文单元重组与读写结合实验中，自变量是单元重组和读写结合）。

• 多因素实验：自变量有三个以上（如在初中数学能力整体发展实验研究中，自变量有课程设置、教材调适、教学方法创新等）。

3. 教育实验法的具体步骤

教育实验法的具体实施步骤如下：

• 确定实验课题，明确实验目的——对于为什么要研究这一课题要有所交代。课题的表述应简明，对课题中涉及的关键概念应做界定。

• 设计框架，形成实验假设——做先期的调查研究，查阅有关文献资料，在充分讨论的基础上，根据实验研究的目的提出实验假设，对实验研究的方向、范围以及如何搜集、分析和解释数据资料做出明确的具体说明。

• 选择被试，分解实验变量，进行实验设计——具体说明实验被试选择的方法、被试分组的方法（单组实验、等组实验、轮组实验）。分解实验变量时要准确描述实验课题的自变量、因变量、控制变量，并对这些变量的操纵、控制措施以及实验手段、条件等实验过程进行规定，合理设计实验，最大限度地提高实验的质量。

• 编制测量工具，选择统计方法——根据实验的目的要求，设计好搜集实验资料和数据的方法，准备好测定因变量的工具，决定采用什么样的统计方法，从而明确评价因变量的指标。

• 安排实验过程——说明实验分为哪些阶段和过程、它们的研究任务各是什么、预计何时完成等。

• 根据实验设计，有条不紊地展开实验——采取有效办法，消除无关变量的影响；搜集实验数据和其他实验资料，随时观察和测量操纵自变量的效应。

• 总结与评价实验——分析处理实验中获得的资料数据，在统计分析的基础上对变量做因果分析，得出科学结论，撰写实验报告。

综上所述，在教学研究中，根据专题研究的需要，运用教育实验的方法，能够获取比较客观的数据，得出比较客观的结果，并且可以揭示某些教学现象的内在规律。当然，实验法也有其局限，主要是教学对象往往比较复杂，难以仅用几个变量来描述，各种因素相互作用，错综复杂，会影响实验结果，有时会产生假象甚至误导，需要配以调查法、质性描述、案例分析等作为补充和相互验证。

此外，相对而言，教育实验的技术手段比较复杂，需要掌握一些数学统计分析知识，一般教师可能不太习惯，这就需要教研组长引领教师边学边做，以增强研修活动的实证性，这也是将教研同科研紧密结合，提升研修水平的有效路径之一。表3-3是一个教学实验研究的简要方案：

表 3-3　教学实验研究方案设计

专题名称	概念教学中电子课件与传统板书运用的效果比较研究
研究目的	通过对两种不同的信息呈现方式做比较研究，探索学生概念理解效果上的差异，分析其中的原因及各自的优势，为综合运用提供依据。
实验假设	电子课件与传统板书在力学概念学习中对学生的理解有不同的作用，均存在共变关系，可能前者效果较佳。
实验组织类型	采用等组实验，选择两个平行班，分别为实验班和对照班。实验班采用电子课件教学，对照班采用传统板书教学。
实验因子操作	自变量有2个：电子课件和传统板书；因变量有1个：学生掌握力学概念的情况；主要控制变量有3个：两班基础相同或相近，教学同一内容，由同一位教师执教。
被试选择	经基础测试，高一（2）班为实验班，高一（1）班为对照班。
实验数据处理	统一进行概念测试，并对均分、标准差等分别进行显著性水平检验。
日程安排	略
成果形式	实验报告；检测工具（试卷）等。

二、课例研究

在日常教学与教研组研修活动中,课例研究已成为一种极其重要的活动方式,它是教育案例研究的一部分。

1. 何谓课例研究

所谓课例,是指一个能够说明具体教学问题,含有课堂教学场景描述和精彩评析的教学故事。它重在对教学本身的改进、优化和提高,是案例的一种形式。在新课程实施过程中,它是教师根据课堂教学的需要形成的一种成果表达方式。

一方面,在具体的教学研究中,教师借助课例研究,通过自己与别人的比较、预设同实际情况的比较,在"知"与"不知"、"模糊"与"清晰"的灰色地带,跨越"最近发展区",实现认识的提升、行为的改进和理念的转变。课例研究是教师分析和认识教学的有效阶梯。

另一方面,课例研究立足于课堂,并将思想、观点和原理镶嵌于鲜活的教学场景中,是在真实情境中研究教与学,将理论与实践进行实质性沟通的载体与中介。课例研究让理论与实践之间建立起了实质性的联系。

这里要特别指出的是,首先,课例不是单纯"好课"的展示。它反映的是教学"背后"的故事,说明产生这一教学的问题线索,使读者知道研究教学进展的来龙去脉。对读者来说,把研究授课的问题及其讨论梳理出来,展现过程,更有启发性。

其次,课例不是一般的教案。教案是教师教学的预设文本,而课例是实际发生的教学事件(实例),但课例研究在讲述故事时可能需引用教案来具体说明教学的思路和预期想法。

再次,课例不是简单的课堂教学实录。课堂实录只是对课堂教学情境的实际记录，并不直接揭示教学的思路和想法；课例则是在实录基础上进一步交代教学的理由和认识，具有分析与研究的成分。

最后，课例不是经验总结。经验总结往往是围绕一个主题，运用一定量的课堂教学片段作为旁证，而这些片段可能来自不同的教学实录甚至不同学科的实录；课例则仅限于对一节或一类具有相同特性课堂教学的描述与分析。

2. 课例研究的类型及步骤

从当前课例研究的类型来看，课例研究主要有三种基本类型：

- 问题呈现型：主要来自教师课堂教学过程中的问题，重在激活原有的经验，唤起教师的反思以及随后的改进行动。
- 经验共享型：主要来自教师的成功经验和跟进的教学改进过程，可以引起同行的共鸣，为同类教师提供借鉴和参照。
- 理论验证型：为了介绍和推崇某些教学思想或理论，课例成了从各个角度印证教学思想的鲜活材料，它从理论出发，根据理论的核心思想改进教学过程，最后从某个角度来丰富该理论。

在教研组中展开有效的课例研究一般采取如下基本步骤：

- 确立研究主题。
- 选择教学内容。
- 设计教学方案。
- 进行课堂观察。
- 反思分析数据。
- 展开深度研讨。
- 撰写课例文本。

在这些步骤中,有些内容在前面的论述中已有涉及,而如何进行课堂观察和反思分析数据将在第四章阐述,这里我们主要就课例文本的撰写提一些建议。

3. 课例文本撰写

撰写课例文本,不仅是写作,更是对课堂教学中获取信息的精加工过程。如上所述,一个好的课例文本,能给人以教学上的启迪,引发人们对此问题的思考。

课例文本的呈现方式是多种多样的,但就广大教师比较熟悉的课例形式看,一个课例应包含的基本要素如表3-4所示。

表3-4 课例的基本要素

研究主题	背景与教学设计	主要教学环节与分析	教学反思与改进
本课例是为了阐述一个什么教学主题?	主要解决哪些教学问题?该内容在整个教学体系中的地位是怎样的?我在教学设计中是如何预设的?	根据主题要求,主要的教学环节是怎样操作的?当时的情况怎样?现在如何解释?夹叙夹议,注意重点和关键细节的展开。	用"两分法"整体反思:实际的教学效果如何?原因是什么?有哪些理论或经验可以诠释?如何有效解决这些问题?是否可以举一反三,启迪思路?

在上一章已详细介绍了主题的确立,这里强调的是,主题的切口要小,应是课堂教学中实际遇到的问题或现象,写作时可以作为课例的标题,开门见山,内容直切主题;背景与教学设计,主要是阐述该次教学的发生及其缘由,主要的设计思路、重点、难点;主要教学环节与分析,要求根据主题的需要,对原始的课堂教学实录加以筛选,有针对性地选择重要教学环节进行展开,分别具体描述如何操作和学生学习状况等,配以跟进性的解释分析;教学反思与改进,就是运用辩证的思想和相应的教学原理,整

体思考本课的教学效果，从具体场景描述中抽取关键部分展开议论，无论成功之处还是缺憾，均需从多个角度做追因分析，并提出具体的改进设想，给自己或他人以有益的启示，不要以偏概全或随意夸大和拔高，否则容易演变成空谈。

撰写课例的一般过程是：

- 围绕主题整理资料。
- 草拟写作提纲。
- 撰写文本初稿。
- 修改完善初稿。

在这个过程中，整理资料就是根据主题表达的需要，选择本堂课中的典型教学场景或片段进行分析细化；草拟提纲十分必要，它可以帮助我们理清文本脉络和结构层次。

在教研组研修过程中，教研组长可以根据研究专题的需要，引导教师撰写一些系列化的课例，促进他们对某些问题有系统而深刻的理解和认识，同时可以组织不同的教师针对同一主题确立观察点，分别展开教学并围绕观察点撰写课例，然后开展同课异构。这种点对点的比较可以增强"异构"的有效性。下面是一位数学教师撰写的课例。

开发教材内容，体验类比思想
—— 以初中数学《分式的意义与基本性质》的教学为例

一、背景与教学设计

从教学内容上看，分式是初中数学学习中的重要内容之一，是在整式的概念、四则运算及因式分解的基础上进一步的学习．它不仅强化了学生对代数式概念体系的深入理解，同时也是对研究数与式方法的进一步熟悉，为后续的学习

（如函数、方程、高中必修课程中的圆锥曲线方程等）打下基础。

从教学方法上看，在六年级学段中研究分数的意义和性质时，教材通过直观图形来帮助学生理解和掌握，属于直观层面的教学。进入七年级以后，随着具体的数被抽象成代数式，教材更侧重于理性思考层面。因此，在本节教学中，我引导学生在体会类比的教学方法、感悟数形结合的同时，初步经历解释与说理的过程，为下一学段的学习做好必要的过渡。

从学情上看，授课班级的学生程度较好，基础扎实，思维灵活，具备一定的探索数学问题的能力，并乐于探究具有一定挑战性的问题，具备一定的解决问题的能力。而在七年级学习有关整式的乘法公式时，学生经历过自己提出问题、设计方案、解决问题的过程。

基于上述考虑，我为本节课制订了三方面的教学目标：

①通过实际情境问题的解决，让学生经历分式概念形成的过程，理解分式的意义，掌握分式的基本性质。

②经历借助图形面积进行说明的过程，体验"从特殊到一般"的研究问题的方法，初步感受数与形的内在联系。

③通过参与拼图、验证活动，在类比方法的迁移过程中逐步培养学生的综合分析和归纳能力。

根据课程标准的要求和说明，结合教学进度的安排，我确立了本节课的教学重点，即理解并掌握分式的意义和性质。

根据授课班级学生的特点以及我对教材内容进行的二次开发，我制订了本节课的教学难点，即通过类比数学思想探究分式的基本性质。

围绕如何突出教学重点、如何突破教学难点、如何把握教学关键点，本课教学采用了教师启发讲授和学生自主探究相结合的方式，包括教师的启发提问、引导以及学生的独立思考、展示、讨论等过程。

本节课教学环节分为：复习引入，启发思考—自主探究，发现新知—运用新知，夯实基础—小结反思，自主评价—分层作业，着眼发展。

二、主要教学环节分析

以下，我就教学设计和教学实践中的重点教学环节做简要回顾和分析。

1. 教学情境引入

在创设情境中，我以相同背景下的问题链的形式呈现，复习了整数、分数、整式的产生过程，并提出 $41 \div x$ 和 $S \div (x+2)$ 如何表示问题，进一步让学生通过比较、分析，概括出问题的核心要素，引发学生认知结构上的冲突，为后续的学习做好必要的铺垫。

我没有用教材中的三个引例，而是通过自己对教材的理解和对学生实际情况的准确定位重新开发，理由是：

（1）课本中的引例不符合我执教班级学生的实际情况（即生活实际和预备数学知识实际不匹配），另一方面，这三个引例有横向的比较，但缺乏纵向上的数学知识内在的逻辑结构联系。

（2）数学概念的学习心理方式有两种，一种是同化，一种是顺应。课本采用的是顺应方式，其实，在学生头脑中已经有了基本图式结构，即分数概念结构，因此，我个人认为，从数学知识逻辑起点分析，更适合采用同化学习方式。

（3）数学概念的学习必须建立在学生理解的基础之上，如果充分考虑数学概念的现实意义的合理性以及引入的必要性两个方面，应当从数学知识发生的过程来揭示数学概念的内涵，这样有助于改善学生的知识结构，让概念的表象建构得比较精确，与其他概念的联系变得更加合理。

2. 小组探究

在观察类比的小组探究教学环节中，我引导学生通过分数的意义以及有意义的条件，类比出分式的意义以及有意义的条件。设计意图有三：

（1）通过类比，学生很容易由分数的意义迁移得出分式的意义，让学生从直观上感受由"数"到"式"的过渡，完成新旧知识的衔接。

（2）为激发学生的兴趣和更好地让学生理解分式有意义的条件，我试图渗透"数式通性"的思想，因为这一思想在后面的学习中将起到非常重要的作用。

（3）让学生体验类比思想和方法，有利于学生学习能力特别是分析与综合能力的提高，实现学生主动参与知识的建构过程。

在分式基本性质探究的教学环节中，学生经历了在教师引导下对分式的概念和有意义的条件的类比过程后，教师可以放手让学生主动去做对分式基本性质的探究，这是对学生学习主体性地位的尊重与体现。对于这部分的教学，我个人觉得是本节课的又一个亮点，原因有三：

（1）对教材内容进行开发。沪教版《分式》章节内容安排，第一课时教学内容的安排是通过类比的数学方法学习分式概念和有意义的条件，再穿插分式的值为零的条件；第二课时仍然通过类比的方法理解和掌握分式的基本性质；第三课时还是通过类比的数学方法学习分式的基本运算。因此，整个章节是呈螺旋上升的编排体系。如果执教者能够从宏观层面来架构本章节的教学内容，通过提纲挈领的引导、框架的搭建，先让学生形成整体知识框架，在第一课时把本章节四块内容进行综合处理，即概念类比、意义类比、性质类比、运算类比，然后再逐步深入学习，这样的过程应该是比较符合学生学习数学的认知过程的。这两种学习方式，前者犹如建筑工人搭建房子，一层一层地建，但有时缺少一种宏观架构；后者犹如画家画画，先把整个框架搭建好，然后再进行艺术的精雕细琢。

（2）以异质分组为原则，学生形成学习合作共同体，有助于培养学生多方面的综合素养。

（3）注重数学方法的归纳和数学思想方法的渗透，淡化数学解题技能训练。

数学的核心在于思想、在于方法，解题技能仅仅是操作层面的一种训练，缺少数学思想和方法的支撑，思维仅仅停留在浅表，大量的机械操练由此产生。为此，对于概念起始课的定位，我更注重数学方法的提炼和数学思想品质的培养两个方面。另一方面，教材中分式的基本性质是由分数基本性质直接类比得出，就这样"想当然吗"？学生难道不会困惑吗？于是我重新设置探究过程,虽然牺牲了解题技能训练的时间,短期内(1—2课时)可能在解题效果上会比传统教法弱一些,但从学生长远发展尤其是数学思维品质方面来看,将会给学生发展带来更大的提升。技能可以训练,思维则需要平时教学的点滴渗透。

例如,教师先帮助学生一起复习分数基本性质以及推导过程(如图3-5所示),学生结合之前的类比思想,一起猜想出分式的基本性质。教师随即追问:你能用什么方法说明自己的猜想是正确的呢?小组同学可先行独立思考,然后再商量探究,最后全班展示交流。

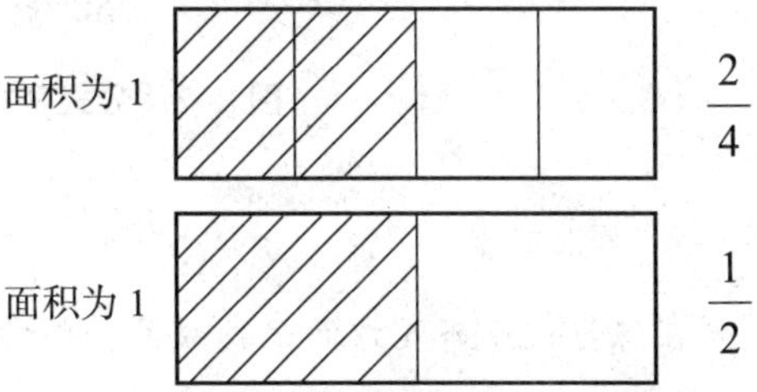

图3-5 分数基本性质推导

学生在独立思考、小组探究的基础上,进行汇报、对话、交流以及同伴间的点评。

小组代表1:准备几张大小形状完全相同的长方形纸片,利用长方形纸片的面积除以长方形的长而宽始终相等的等式来表现分式的基本性质(如图3-6所示)。

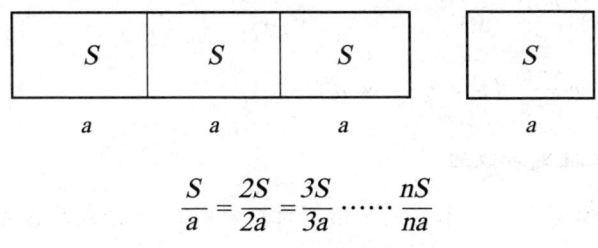

$$\frac{S}{a} = \frac{2S}{2a} = \frac{3S}{3a} \cdots\cdots \frac{nS}{na}$$

图3-6 分式基本性质推导1

小组代表2:利用一张大小形状完全相同的长方形纸片,思路和小组代表1的想法相反,把面积平均等分,相应的长也是等分,利用宽不变性质可以验证(如图3-7所示)。

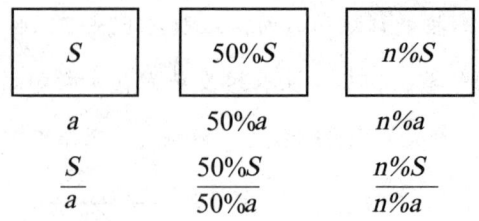

图 3-7 分式基本性质推导 2

3. 作业布置

在练习作业布置方面,我做了必要的要求和解释,必做题设置3题,主要用于有效巩固所学知识,面向全体学生;选做题设置为探究题,主要考虑到学生的差异性,既面向部分学生,又体现数学思想方法的顺延性。设置必做题与选做题,以体现出"人人学有价值的数学,不同的人在数学上有不同的发展"的课程标准理念。

探究题:已知 a、b、c、d、都不等于0,并且 $\dfrac{a}{b}=\dfrac{c}{d}$,根据分式的基本性质、等式的基本性质及运算法则,探究下面各组中的两个分式之间有什么关系?然后选择其中一组具体说明。

(1) $\dfrac{a}{c}$ 和 $\dfrac{b}{d}$

(2) $\dfrac{a+b}{b}$ 和 $\dfrac{c+d}{d}$

(3) $\dfrac{a+b}{a-b}$ 和 $\dfrac{c+d}{c-d}$ ($a \neq b$,$c \neq d$)

三、教学反思和改进

从初步的效果看,基本达到了预期的教学目标。《分式的意义与基本性质》这一节的教学内容,从教材安排体系维度分析,它是建立在学生对分数的意义和基本性质已经具有初步认识的基础上的;从知识结构体系维度分析,它是学生从整式到分式认识的一次飞跃;从数学思想方法维度分析,它让学生进一步感受类比的数学思想。

下面,我主要从三个方面简单谈谈自己的教学体会。

1. 复旧孕新，渗透方法

数学学习是具有连续性的，而这种连续既是知识结构的螺旋式上升，又能给学生的学习带来一定乐趣。本节课教学内容是分式的意义和性质，是上位概念分数、整式基础之上的全新代数式结构研究，所以，在教学中，我通过回顾整数、分数、整式的产生过程，引导学生把握其内在的规律，这样既揭示了新旧知识之间的内在联系，又渗透了"从特殊到一般"的研究问题的方法。

同时，在本课教学中，沿袭了"观察特征—图形说明—规律概括"的研究过程，这也与教材中的整个体系的研究方法是统一的，体现了认识方式的统一性与一般性。

2. 三管齐下，着眼"整体"

本节课教学内容是在一个课时内完成三块教学内容，这三块之间构成一个统一整体，基于这样的思考，我采取三管齐下、整体把握的教学策略，区别于教材中三块逐一呈现、逐一落实的设计。在本课教学中，我借助类比的数学研究方法，对这三块作为一个整体进行认识和把握，并从学生的认知规律出发，更接近学生原有认知基础，以期达到更好的教学效果。这种内容统整的思想是今后钻研教材、用好教材不可或缺的，要经常思考和操作。

3. "数"主"形"辅，突显主线

代数式的学习主要是以概念、意义、性质、运算为主线，在本节课的教学设计中，我始终以这条主线进行推进，从复习引入到探究新知，都以"式子结构"本身的特征变化为驱动，引领学生观察、归纳、概括和提炼，与此同时，我依靠教具和学具的辅助，运用图形的面积关系进行说明，期待通过"数"与"形"两种不同形态"语言"互译，加深学生对分式结构特征的理解。应在今后相关的概念教学中注意应用和改进这种"数"主"形"辅的设计思路。

（本课例由上海市汾阳中学郭鸿老师撰写）

这个课例是对初中七年级《分式的意义与基本性质》教学后的反思，在表述方面有这么几个特点：一是对本堂课教学内容的分析较为具体，具有整体意识；二是教学过程的阐述突出关键环节，并注重学理上的阐释，力求做到有理有据；三是反思分析，关注提炼，将教学过程中的一些环节概括为三点体会，并对今后的可迁移性进行了说明，使整个课例有一定的启发性和借鉴性。当然，该课例还有一些值得改进的地方，如怎样与数学学习心理过程（尤其是概念内化原理）相结合，来进一步诠释操作的内在依据；此外，在教学反思和改进部分，还需指出本堂课教学上的问题与缺憾，并做适当的原因剖析，这样可能说服力更强，毕竟教学永远会存在遗憾。

在教研组研修中强化研修的实证性，重要的途径就是运用好实验法与课例研究法，这里仅仅是一个初步的概述，旨在让我们有一个大致的了解，进一步的详细内容可以参阅有关的教育科研方法文献。

检视研修实效的反思与评估

就教育的研究而言，对教育教学效果的评估是十分重要的研究领域，同时也是比较困难的研究领域。究其原因，主要是具体的技术和方法较为复杂，需要很好地把握评价的科学性同可操作性之间的平衡。在评估的方法上，需要考虑场景描述性的质性评估与数据统计分析性的量化评估分别如何运用，如何相互结合。

对课堂教学效果的评估，大家比较熟悉的是基于本堂课的教学目标，利用相关的工具（量表）来进行现场观察，然后依据观察搜集到的信息，对教学效果做出恰当的价值判断。作为教师的团队学习活动，对教研组的研修活动效果的评估也需要通过参照研修目标，对活动过程中产生的各种信息加以搜集和分析，进而对活动的实效做出判断。

由于对教研组研修活动效果的评估相对来讲在操作上较为复杂，涉及的因素较多，本着在科学与客观的前提下力求做到简洁和可操作，我们提出一个初步的反思评估框架。

一、反思的视角

任何反思须有视角或观察点，对教研组的研修效果反思视角可以有以下两个。

1. 与研修目标进行对比

对研修活动效果反思评估的观察点来源于对研修目标达成度的考察，如上一章所谈到的，确立研修目标，就是为事后效果考察提供重要参照。所以，教研组长在反思评估效果时，要始终对照当初研修方案策划时的目标，同时展开深入的反思。

研修目标一般涵盖探索并形成的问题解决方法、策略，教师参与活动后在思想和行为方面的变化预期等内容。通过各种途径搜集来的情况，为教研组长将活动实际效果同目标进行对比提供了事实依据，一方面看目标中提出的问题解决要求是否达到，出现了哪些成果；另一方面还要看活动目标中提出的教师思想行为变化期望是否实现。如果说前者是研修效果反映的技术成分，那么后者就是研修效果反映的教师变化成分。

一般而言，技术的东西相对容易评估，而教师的变化则不太容易精确描述和反映，但是，我们可以通过观察和体验，从三方面把握：一是教师在研修过程中的参与度，包括投入的深度和广度；二是教师对活动的情感期望是否得到了满足，教师的心情是愉悦还是闷闷不乐；三是教师对研修内容的预期是否得到满足,教师是因为收获了新知、开拓了视野、解决了困惑而具有成就感、获得感,还是因获益不多而失落不满。通过这样与活动目标对比,我们对研修活动效果的反思才能有指向,突出重点。

2. 与研修方案进行对比

通过与研修方案进行对比,可以了解方案计划的落实情况。研修方案是对活动的预设和实施路线图,只有通过具体的活动开展方案,才能转变为实际。教研组长在活动之后的反思中,在把实际活动同研修目标做对比的同时,还要与预设的活动方案进行比较,主要是看方案同实际活动的内容是否保持一致、哪些地方发生了变化、为什么会变化等,以便在今后的活动中预防和改进,具体可以通过下面的操作途径。

(1)**看活动中关键环节的落实**。比如,一位教研组长在活动后的反思中对互动研讨环节中出现的所谓假趋同现象进行分析,她谈道:

这次研讨中有一个现象值得重视,就是少数骨干教师的一言堂,造成一般教师(尤其是部分青年教师和职初期教师)表达意见缺乏自信,甚至被边缘化。看来,今后在研讨前和活动中,需要不断引导那些骨干"权威"耐心倾听他人的交流,或者请他们担任活动的总结归纳工作。以此来减少和消除一言堂现象,使人人都成为研讨的主人。

(2)**看研修中出现的意外事件**。有效的研修活动往往具有生成性,会发生一些意想不到的事件,这些事件本身也许并不复杂,但是因其意外而让人难做选择,其"复杂性"正是体现在结果的不可预测方面。这些事件一般会在教研组长的内心留下难忘的印象。下面是一位新上任的教研组长对一次研修活动的反思片段:

教研活动还是依照惯例展开，我讲，分管教导总结，老师们做记录。但我心里的疙瘩依然存在，教研活动难道就是这样的？到底该怎么办？渐渐地，一个大胆的想法冒了出来：何不做到教研活动既有上情下达，又留出时间给老师们交流？

于是，我向大家表露了我的想法。不料话音刚落，平静的会议室就骚动起来。有的老师说："没什么可交流的，浪费时间，还不如批批本子。"有的老师说："大组活动就是大组长讲，我们怎么能讲呢？"还有的老师干脆说："我们不会讲，以前从来没有这样做过。"当时，在座的分管教导并没有做任何反应。这可怎么办？大家你一句我一句，我觉得很难收场。

我心想，话已说出去了，不能收回，要不然，我今后的工作可怎么开展呢？我刚想开口说话，下课铃响了，这真是救场的铃声啊！于是，我赶紧说："因为时间关系，今天的活动先到这儿，关于今后活动如何进行再抽时间协商。"回到办公室后，我心情坏透了，没想到要改变这一切还真不容易……

这个事件表面看来并不复杂，只是来得突然，对于一位刚上任的教研组长来说确实棘手。如何改变教研组的氛围，的确让人很费心思。然而，这件事恰恰是一个新的起点，这位教研组长在随后的工作中采取了一些措施，渐渐打开了局面，转变了教研组的风气。

在上述建议中，尤其要提醒教研组长的是，对任何现象的反思不是一般的描述教学中的表面情况和现象，而是要注意追本溯源，探究现象背后的原因。无论是"关键环节"还是意外事件，教研组长一定要深究下去，从多个角度分析"故事"发生的原因，为下一步的调整提供依据，寻找改进对策。

二、评估的过程及工具

教研组长做好研修活动的反思，是有效实施活动评估的前提和基础。如果说反思是一项把自己摆进去的深刻体验,那么开发并运用一些有效的评估工具则是有效实施评估的载体和成果。下面我们介绍具体实施的过程和相应工具。

1. 对研修方案的评估

教研组研修方案是活动策划的结果和产品,它集中体现了策划者对研修活动的期望与预设,是对本次研修的预设性操作蓝图。活动方案是否规范合理直接影响活动实施的效果,所以有必要首先对形成的研修活动方案加以评估,力求将某些不足和欠缺在活动实施之前弥补。表3-5是一个对研修活动方案进行评估的指标体系:

表3-5 研修活动方案评估指标体系

学校		评估日期		
教研组		教研组长		
研修专题				
项目	指标描述	评估结果		
		好	一般	较差	修改建议
专题确立	①针对实际,符合需求。 ②具体切入,便于实践。				
现状把握	①现状分析与专题匹配。 ②搜集信息准确,与实际相符。				
目标选择	①表述具体,利于评估。 ②相对集中,重点明显。				
专题分解	①涵盖专题的重要方面。 ②小专题之间有内在联系。				

续表

项目	指标描述	评估结果			修改建议
		好	一般	较差	
资源利用	①资源选择针对性强，素材类型较为丰富。②注重对一般资源的再开发，与教师实际对接。				
程序安排	①活动内容实在，可操作。②环节之间相互衔接，有层次和递进关系。③时间安排紧凑，不拖沓。				
效果预测	联系目标，对活动的效果有预测。				
整体评估及改进建议					

这一评估指标体系主要依据教研活动策划的关键要素，并对这些要素分别具体描述而形成。在进行评估时，先要对成文的研修方案进行解读，然后与评估指标体系中的项目逐一对照，做出判断，最后综合方案的具体情况对方案进行整体评估，分别指出优点与不足，给出改进建议。

要指出的是，对研修活动方案的评估并非多余，它是在方案具体实施之前对研修活动进行的预评，这个环节能够把研修活动的准备工作做得更充分，考虑得更周全，避免活动开展后由于考虑不周而造成的缺憾。研修活动方案的评估是一种对即将开始的活动所进行的预估性反思，处理得好，能很好地将方案转换为实在的活动，为后续的有效实施打下基础。

2. 对研修过程的评估

前面的章节曾就教研组有效的研修活动给出了四条实施的基本原则，即思辨性、体验性、引领性和实证性原则,它为我们评估活动过程提供了依据。为了具体落实这些内容,下面给出一个研修过程评估的案例。

精心策划,动态生成,个性表达
——关于初中英语课堂板书设计的系列研修活动

【活动缘由】

通过仔细观察和思考,我们感到目前英语教师课堂板书主要存在以下问题:

(1)缺乏艺术性。在平时的英语课堂教学中,黑板的用途常常被忽视。不少英语教师平时的板书无非就是几个新单词、词组及用法,单调乏味;有些教师板书随心所欲,想怎么写就怎么写,想写哪儿就写哪儿,随写随擦,导致板书凌乱难懂;还有一些教师的板书缺乏示范性,如随便使用标点、符号或书写不规范,这都会误导学生。

(2)缺乏功能性。随着多媒体课件的普及,在一些公开课和观摩课中,越来越多的教师采用多媒体播放课件,大多数新单词、词组或句子也在课件中播放,而板书内容仅仅是课件中无法呈现的单词或词组,板书成为课件的附属品。随着课件播放的结束,新课内容也就没有了痕迹,学生无法从板书中找到该课的整体内容,无法体会其重难点。

因此,我们教研组决定就英语教学中的板书问题展开研究。

【活动目的】

通过系列研修,解决教师对初中英语板书认识简单和片面的问题,较为全面地理解并掌握板书设计的方法和作用,有效提升教师的板书能力。

【活动过程】

一、热身铺垫

1.理论学习,搭建支架

我们把这一阶段称为 Nice surfing(网上冲浪学习):教研组长提供相关理论文章,教师自己到网上冲浪学习,获得理论支撑。了解板书的内涵界定,即板书是教师依据教材，通过分析、综合，在教授过程中运用文字符号、绘图、列表等方式呈现出来，形成完整的知识网络。学习研读的内容如图3-8所示：

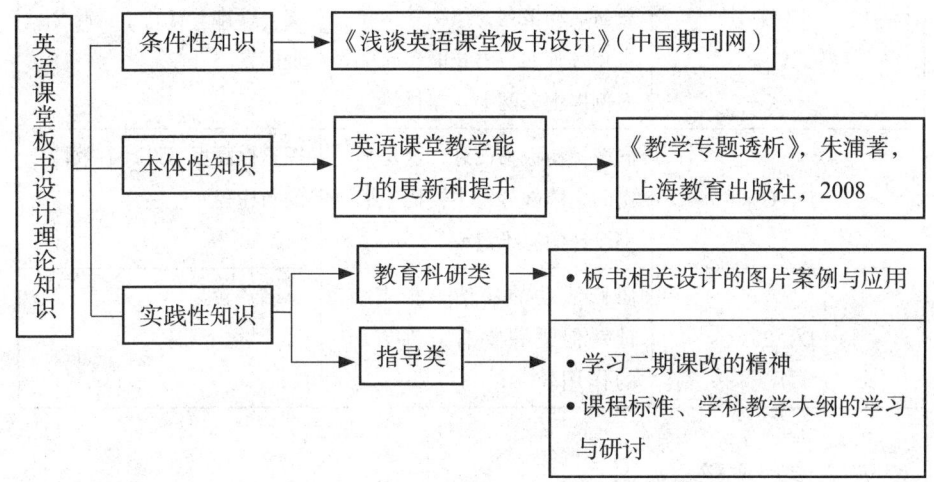

图3-8 英语课堂板书设计理论知识框架图

我们通过组长导读、学校支持购买书籍自学、电子信箱提供案例反思范本等形式，让教师重新理解板书设计的核心思想，消除认知的盲区和误区。

2. 确定任务，进入角色

我们把任务分配阶段称为Nice learning（系统学习）、Nice drawing（精心设计）以及Nice sharing（交流分享）：首先，备课组内的教师挑选自己感触较深的别人的板书设计，自愿报名结合前期学到的理论进行点评，点评可从板书设计模式、有效性、美学等角度进行。

接下来，同一个备课组内的两名教师进行同课异构，其他教师重点结合教师板书设计，利用板书设计评价表评课。本次教研活动主要研讨板书的"动态生成"设计。最后教研组结合学校组织的教师公开课，将现场的板书设计拍照作为材料发布到教研组网上作为素材共享（见附件）。任务分工如表3-6所示：

表 3-6 某英语教研组研修活动人员分工表

教师	任务分工	目的
A	教研活动策划，组织并指导青年教师的板书技能，起草案例提纲，网上发布材料等。	统筹安排，有利于资源合理配置。
B、C	同课异构板书设计，这是案例的主体部分，主要描述板书设计的思维过程。	探索提高板书设计有效性的新途径。
D、E	研修活动的评估，板书设计对促进课堂有效性方面的作用。	总结经验。

二、主体活动

1. 积累案例，思考探索

我们把这一阶段称为 Nice learning。在这一阶段，教师认真研究学习教研组长提供的学习资料，整理自己以往的板书设计，通过图书馆和互联网搜集资源，大量阅读有关板书设计的理论文章和其他教师的板书设计感悟，积累理论知识，学习相关经验。

教研组也展开了系列化培训，讲解板书设计理念、展现方式，指导教师多方位、多角度地全面解读"板书设计"方面的理论知识；提供生动详细的案例讲解。此外，教师还积极观摩"世外杯"初中英语青年教师教学展评和各类观课活动，搜集记录各类较为优秀的课堂板书样例，为后期设计与反思做铺垫。比如，组内某教师在一次听课后，对课上的简笔画板书印象深刻，她结合自己在板书方面的理论认识，从有效性、美学角度等方面展开了思考。

2. 精心设计，提炼思路

这一阶段被称为 Nice drawing。经过第一阶段的理论学习和第二阶段的案例积累后，教师结合学校中青年教师大奖赛预赛的参赛课，对板书进行精心设计。在这一过程中，我们组的两位职初期年轻教师运用前两个阶段所学的理论知识，吸纳其他教师板书设计的亮点，结合参赛课文，初步构思设计出各自的板书。这一思路可概括为：创新式板书设计（同课异构）＝所学理论知识＋其他教师板书设计亮点＋参赛课所选文本。在随后的 Nice sharing 环节，组内以此为契机开展讨论交流会。两位新教师分别介绍了各自的板书设计理念和呈现形式，教研组教师对此提出了各自的观点和改进意见。新教师同时也提出自己在设计过程中的困惑，组内教师们以头脑风暴的方式展开开放性研讨。

3. 实践所学，服务所教

教师在积极参与了教研组关于英语课堂板书能力的系列化培训后，结合中青年教师大奖赛预赛的公开课，集思广益，设计板书。

（1）研讨文本，集思广益。

两位教师选用文本都为牛津教材 6A Unit7 *Rules around us*。

教材简介：本课教材是典型的对话文本——T: Where do we have rules do you know? S: We have rules in the classroom. We have rules in the library. We have rules in the park. We have rules on the road. 随后有个配对练习——把不同的规则与其会出现的场所配对。这是对第一、二课时的整合——signs and rules。第一课时是一个对话文本，主要讨论在哪些地方有规则：T: Where do we have rules? S: We have rules in the library/ in the park/ in the classroom/ on the road. 第二课时是将不同的规则和规则场所配对。

此练习是对先前对话文本的很好的拓展、总结。如果板书设计得好，就能很好地概括出这一堂课的内容，学生可以形象直观地掌握所学的知识。

通过交流学习，集思广益，陆老师预设了两个方案：

①利用表格形式呈现，如表 3-7 所示。

表 3-7　板书设计表格式 1

Where do we have rules?		
We have rules	in the library	We mustn't eat or drink. ……
	in the classroom	We mustn't chase each other. ……
	in the park	We mustn't leave rubbish. ……
	on the road	We mustn't run. ……

此方案设计简洁、清晰，有利于学生记忆。但表格形式方方正正不够生动，比较枯燥。

②思维导图式，让学生的思维过程通过板书来呈现，如图 3-9 所示。

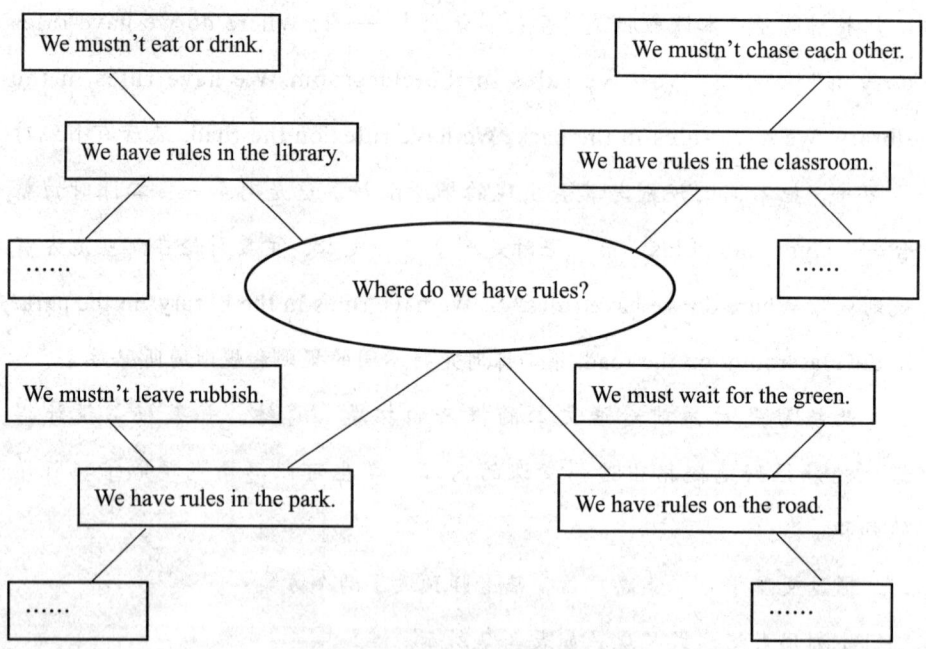

图 3-9　板书设计思维导图式 1

这样循序渐进的过程有利于训练学生的思维。但这种形式的板书设计稍显杂乱，不够清晰。

通过交流、讨论、头脑风暴，在最终确定前，韩老师也曾想过用大括号形式概括，如下：

$$
\text{We have rules}\begin{cases}\text{in the library.}\\ \text{in the classroom.}\\ \text{in the park.}\\ \text{on the road.}\end{cases} \quad \begin{cases}\text{We must't eat.}\\ \text{We must't talk loudly.}\end{cases}
$$

但是，稍作考虑后她发现，这一设计不妥。首先，黑板横面可能没有足够空间。此板书设计是横向格式，占据横向空间，而投影仪已经占了左边一大块黑板。其次，可能会造成凌乱的感觉。由于教师是先让学生总结"Where do we have rules?"，然后再根据不同的地点，由学生总结补充各种 rules，课堂随机性强，很难把握不同场所之间的距离，稍一出差错，就可能造成板书不工整的情况。

两位老师设计的板书都有其优点，也有不足之处，通过比较共享，大家不仅对教学的文本有了更深刻的理解，同时也进一步深化了对板书设计的理解。

（2）精益求精，彰显艺术。

我们通过再次学习理论、互相交流，并在日常生活中仔细观察，汲取灵感，努力做到精益求精。

陆老师没有否定其先前的两个方案，而是考虑能否结合两个方案的优点，使板书既清晰又美观，还能够呈现学生的思维过程。终于，在她上的初一年级的探究课中，鱼骨图的介绍给了她灵感。鱼骨图可以很清晰地表现出学生的思维过程，也可以很生动地呈现出教材的主要内容，还可以以大骨头和小骨头来表现内容的主次关系。学生对于此类板书设计特别感兴趣，有利于学生掌握课堂教学的内容。

韩老师则在浏览"华夏文化树状图"时，发现树状图可以很好地解决其先前板书设计的两个不足之处。一堂课总结下来，一棵茂密大树也成形了，大大提高了学生的学习兴趣。

在听了两位老师的介绍后，我们提出了一些新的观点，比如，认为鱼骨图的板书设计非常简洁和具有创新性；树状图更要强调层次美；设计板书时应当注意"色彩美"，可以用不同颜色的粉笔来书写板书，使板书更美观；如果时间有限，可以事先准备好写有各种规则的纸条，届时由学生自己总结，以此提高课堂活动的参与度。

三、后续跟进

作为活动的尾声，教研组组织教师对前期研讨形成的经验进行了初步梳理，有效的板书应具备如下特点：

（1）灵活多样，生动活泼。新奇的东西很容易成为注意的对象，千篇一律、刻板的东西就很难引起人们的注意。所以，教师要根据教学活动的实际需要，巧妙地利用形象有趣的简笔画设计板书。

（2）色彩丰富，运用适度。彩色能引起学生的视觉反应，使学生精神振奋、思维活跃，但板书中的彩笔使用也不宜过多。规范的板书不应使人感到眼花缭乱，而应使人感到赏心悦目，从中得到美的享受。

（3）有条有理，整洁清晰。如果随意乱涂乱写，不仅会影响学生的连续思维，也会给讲解带来不必要的障碍，同时也给学生做笔记带来困难。

（4）注意姿势，便于交流。教师一般采用右侧面朝黑板的姿势，因为这样教师既能看到黑板又能随时观察学生的表情，当然也不会挡住学生的视线。

（5）书写正确工整，字体大小适宜。对于教师来说，写好粉笔字是很重要的基本功。板书书写忌潦草，龙飞凤舞的板书不仅使学生认知困难，降低学习效率，也不利于学生良好书写习惯的养成。教师还要注意板书字体的大小。字太大，写不了几个字，影响黑板的利用率；字太小，学生看不清，板书失去作用。一般认为，字体的大小以后排学生能看清为标准。

（6）富于启发，言简意赅。每一堂课，板书都要呈现出课堂的整体思路。教师必须对板书有整体的规划，既要让学生在头脑中对本节课有整体概念，又要在导入课本内容时给予学生启发思考的空间。

（7）语言精练，提纲挈领。教师的板书要条理清楚，重点突出，根据教材内容的需要，既要反映所要讲述的内容，又要对所讲内容进行高度概括和浓缩。要注意的是，不要把精练和浓缩简单地理解为单词或句子写半截再加一些删节号。

【附件】

附件1：板书设计评定记录表

表3-8 板书设计评定记录表

（制表：黄艳）

年级：	学科：	课题：			总分：
时间： 年 月 日		执教者：		评价人：	
评价维度	评价项目	评价等第			
		A	B	C	D
计划性	精心设计				
	从教学目标出发				
	符合学生心理特点和实际水平				
	重、难点突出，布局合理				
科学性	板书层次清楚				
	速度与学生同步，内容与学生思维活动结果一致				
	主板书、副板书分明				

续表

评价维度	评价项目	评价等第			
		A	B	C	D
启发性	调动学生主动性、积极性				
直观性	文字简练,便于接受,数理化学科中的图形板书规范正确				
艺术性	形象美,匀称美				
	启迪、陶冶与教育学生				
总体印象		优	良	一般	差

附件2：板书设计部分学习图片

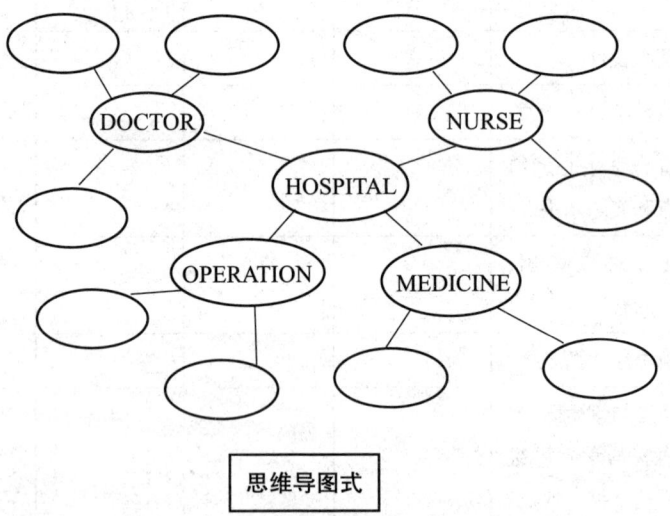

思维导图式

图3-10　板书设计思维导图式2

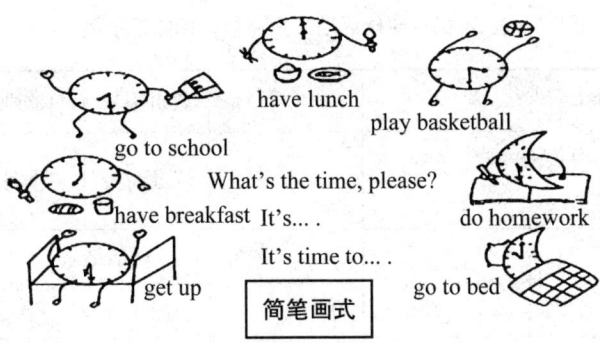

简笔画式

图 3-11 板书设计简笔画式

表 3-9 板书设计表格式 2

The Wright Brothers		
1903	Flyer	100 feet high 120 feet long
1905	A flyer with a motor	24 miles long
1908	The beginning of the air age	50 miles/92'

表格式

【活动评估】

事后教研组在组长的组织下对照方案展开了集体讨论,运用如下工具(如表 3-10 所示)进行了评估:

表 3-10 研修活动方案评估指标体系示例

教研组	外语教研组		教研组长	黄老师	
研修专题	初中英语课堂板书设计		活动时段	三个月	
项目	评估指标	评估结果			
		好	较好	一般	较差	说明
活动目标	总目标具体、集中，目标分解恰当。			★		目标还可以分解得具体些。
活动方式	①根据实际需要采取多种活动方式，具有针对性。②能运用现场调研、临床实证、课例分析等手段展开活动。		★			活动方式比较多样，有一定的针对性。
活动过程	①各类子活动效果显著，活动之间有衔接、有梯度，组合推进。②能根据需要及时对活动进程加以调控。③整体过程结构性强，能促进教师系统经验的完善。		★			基本符合指标要求，但整体的结构性还可再清晰些。
资源利用	①开发各种专业资源，预先有选择、有安排。②引进资源有针对性，对研究和教师有实际帮助。③善于捕捉有价值的生成性资源并放大利用。		★			资源的利用可以再拓展一些。

续表

项目	评估指标	评估结果				说明
		好	较好	一般	较差	
活动效果	①围绕课题研究活动，教师形成较为系统的知识和经验。 ②形成教研组的课题研究成果及相关的过程性资料。		★			基本达到了预期研修目标，有对板书知识的总结提炼，形成了必要的研修成果，但是对生成的问题还缺乏关注。

整体评估及改进建议

本案例实际上是一个以校为本的教师培训活动，具有如下特点：

①专题具有针对性，切中当下教学中的实际问题，尤其是活动的起因描述不是简单地罗列问题现象，而是从艺术性、功能性视角对英语教学中板书情况做了初步概括和分析，这为专题研修的展开创造了较好的条件。

②注重了必要的理论学习，尤其在学习内容的选择上注意针对性与精练，既节省时间，又易于让教师在与文献的互动中开拓视野，提升观察现象与问题的境界。

③关注教研的成果显现，该案例以初中英语教学中板书的设计为专题，集众人智慧，产生了两个初步研修产品：板书有效性的评估框架与指标，几种常用的板书样例。这既是对生成性教学智慧的结构化，也体现出研修活动的成果意识。

改进建议：

①研修的目标可以再具体些，特别是每一项具体活动的目标还需明确。

②专业资源的范围还可以再宽一些，除了文献和外出观摩，还可以邀请有关专家参与指导。

③还可以举办板书设计竞赛，以增强教师的体验。

④除了对已有经验加以整理，还需发现和关注遗留或生成的问题。

（本案例由上海市第二初级中学黄艳、季莹莹、韩文佳、陆婷晨老师提供）

总体上讲，对教研组研修活动的反思和评估是以结果为导向的，它是通过系统的反思，在目标、过程和结果之间的多向比较中获得价值判断。所以，在活动的过程中，要注意教师的课堂表现、活动资料的积累；活动结束后，应及时了解教师的感受，听取其建议，进而对活动进行改进和完善。

延伸思考 >>>

（1）如何在研修活动中引导教师"浸润"其中？
（2）怎样达成研修目标、研修内容、研修方式和评估之间的一致性？

第四章
基于课程标准教学的教研组研修

经过多年的探索，新课程的实施已进入"深水区"，各种问题和矛盾日益突显，这是课改进程中不可避免的。学校教研组自然成为这些问题发生和研究解决的主阵地。在这些问题中，一个十分突出的问题就是，如何基于课程标准组织实施课堂教学？可以这样认为，现在的教研组研修内容都直接或间接地与此有关，在这一背景下，除了上一章介绍的一些基本策略与技能之外，教研组研修活动的开展还需要特别关注和使用一些其他的技术和方法。有鉴于此，本章专门针对基于课程标准教学背景下的教研组研修做进一步的探讨。

现状分析与路径探索

基于课程标准的教学是从系统的视角使课程标准内容通过层级式的转化成为具体的课堂教学的过程。这一过程要求教师整体地思考标准、教材、教学和评价之间的一致性，并在自己专业权限范围内自主做出正确的决定。

一、现状分析

从直观感受看,尽管"基于课程标准教学"早已耳熟能详,对其重要性老师们也深信不疑,多年的实践探索也取得了不少经验和成果。然而,当下学校中"基于经验教学"的随意性和"基于教材教学"的狭隘性仍然普遍存在,其结果就是片面追求题海战术,简单地以量取胜,造成教师教得累,学生负担重,教学效率低下。

根据我们对上海市徐汇区近2400名教师的初步调研,基于课程标准教学的问题主要集中在四个方面:

(1)教师的认知与实际操作相互游离。有85.05%的教师认为,课程标准对自己的教学有影响,其中认为影响很大的有38.12%。但是,从教研员这一方的反映看,有68.75%的人对当前基层教师基于课程标准教学的实际情况不满意,认为当下教师教学中教学评价同课程标准不一致的占样本的71.88%,其中很不一致甚至脱节的有9.38%。教师的自我感觉与教研员对其实际表现的评价存在明显差异,即教师接受甚至熟悉的理念并未成为他们自觉的行动。

(2)教师缺乏基于课程标准教学的操作方法和技术。仅以如何制订教学目标这一项来看,虽然有47.56%的教师采取借鉴已有经验、逐层细化目标的方式来落实课程标准,但被问及具体做法时,则千差万别,显现出很强的随意性,科学性也不强。

(3)教师学习解读课程标准流于表面形式,缺少任务驱动下的精准理解。调查显示,虽然有56.60%的教师是通过教研组的研讨来了解课程标准的内容的,但跟进的访谈则表明,其中不少研讨缺乏针对性,缺少任务驱动下的后续跟进体验,仅是对表面文字的解读,实际指导教学的作用并不大。

**(4)教师对相关专业上能获得指导的欲望较强烈,对具体形式与技术有

所期待。从基层教师的情况来看，有 44.75% 的教师认为，基于课程标准教学的关键障碍是自身能力有限，获得的专业支持不够；有 59.24% 的教师希望能有针对性地接受专业指导（尤其是青年教师与职初期教师）；有 48.28% 的教师希望能更多地以区县专业机构与学校教师共同参与的方式展开共同研究。从教研员一方看，53.13% 的人认为基于课程标准教学的指导，需要在指导方式与研修方式上有所突破，在项目排序中，认为"需要为基层教师提供相应的规范性操作工具"被排在了第一位。

鉴于上面的实际情况，在教研组内如何通过组织开展有效的研修活动来逐步解决问题、消除教师的疑虑、改善现状，是急需思考和展开探索的。

二、路径探索

教研组长应该怎样通过自身的钻研带动组内教师的学习和行动，来改善上述状况呢？前面几章的内容可以为组长提供一些基本的思路和操作方向，但具体的基于课程标准的教学和评价，还需要我们进一步学习并掌握几条有针对性的探索解决路径。

基于课程标准的教学，不是简单地局限于传统的在课堂上和教材内容上做好备课和上课工作，更主要的是拓宽和深化对课堂教学的理解，围绕学科课程标准，从全面育人的高度加以解读，在头脑中建立起新的学科知识观、评价观和学习观，并在此基础上整体地对教学进行设计。具体来讲，主要集中于三个方面：一是课程实施观照下的教学目标制订，就是要跳出拘泥于单课时教学目标的设计，将单课时目标置于单元、学期、学年目标的背景中，并且根据学情做相关性考察；二是追求精准与引导的学业目标达成评价，就是设计能够较为准确反映学习状况并具有引导性的评价载体或技术（如练习、项目等）；三是展开促进学科核心素养发展的意义学习与教学设计，提升课堂教学的"贡献率"。为此，可以从以下几个路径做思考和探索。

1. 教师认知层面

在教师的认知层面，有必要建立两个基本观念：

(1) 将课程标准看作国家对学生在该学科方面核心素养要求的具体体现。 目前，学校教育的目的在于培养学生可持续发展的核心素养，尽管对核心素养的概念及其内容有不同的界定和理解，但基本的认识正趋于一致，就是核心素养应包含学生今后发展所必需的思维方式、工作方式和生存方式，如提出问题、建立联系、个性化表达等，具体到某一学科，应包含该学科的基本思想方法、相关能力等。以英语学科为例，目前被大家认可的核心素养主要包括四个方面：语言能力——听、说、读、写能力；文化意识——对语言中蕴含的文化背景与知识的认知；思维品质——在学习过程中，通过辨析、分类、开拓、推理分析等显现出其在逻辑性、批判性、创新性等方面的水平及特点；学习能力——一种主动拓展英语学习渠道、积极应用合适的学习策略方法、提升学习效率的品质。

因此，我们在考察和解读学科课程标准时，就要在此背景下建立起学科教学目标（三维目标）与核心素养之间的联系，如此，才有可能帮助教师形成整体的观念，改变和减少仅限于将学科知识学习作为导向的教学与评价的偏好和习惯，认识到教学的点点滴滴都与育人的追求息息相关，从大处着眼，从小处入手，进而树立起教学的大格局。

(2) 教学目标、教学活动和教学评价需匹配，保持一致性。 教师的教学效益不理想，很大程度上是忽视了教学系统中这三个教学基本要素的前后一致，尤其是教学评价缺乏针对性、精准度不高或局限于知识的掌握评价，缺少学科思维评价的层次性（如对高阶思维水平的考察等）。

2. 实践操作层面

在实践操作层面，建议从四个方面入手：

（1）**评价应先于教学过程的设计**。通常的备课，不少教师习惯于按照这样的程序展开：制订教学目标—选择教学内容—设计教学程序（环节）—确立评价手段和内容。而基于课程标准的教学对其做了调整，一个突出的做法是，在教学目标制订之后，必须确立具体的评价手段和内容，即如何衡量学生是否达到或部分达到目标提出的要求。这把测量的"尺"如何形成？只有确定了教学的两端，即"教学目标"与"评价手段和内容"，中间的"教学内容选择"和"教学程序设计"才能与之匹配。如此一来，整个教学体系中的诸多要素才可以相互衔接，保持一致。

（2）**搭建课程标准到教学之间的"脚手架"**。教师要将课程标准落实到具体的课堂教学，除了需要在认识上调整外，还离不开具体的操作工具。为此，教师可以尝试研制类似于校本化的学科教学指导手册，将较为抽象的学科标准阐述转化为比较具体的教学目标描述，包括标准的时段分解和内容的细化以及具体评价工具内容的编制。这样就搭建起了由学科课程标准通往具体课堂教学的"脚手架"，以避免教学的随意性。

（3）**掌握有效的课堂教学研究技术**。课堂教学是一个充满变数的过程，基于课程标准的教学也是如此。面对纷繁复杂的生态性课堂，组织有效的观课评课，搜集事实和数据，也需要研制并掌握一些既科学合理又便于使用操作的研究技术，如观察量表等，以此来提升教师课堂教学研究的水平。

（4）**强化教师对教学的反思**。教师展开教学反思，已成为教师专业成长的必要途径，前面章节中提到的"课例研究"，就是反思的主要载体。但是，撰写并呈现的课例分析仅仅是反思的结果，前期需要教师运用一些相关技能或工具，对教学的全过程加以梳理思考，才能形成优质的课例。某种程度上讲，课例是教师对课堂教学反思的结晶，凝聚着众多教师宝贵的教学智慧，课例的产生离不开有针对性的教研组研修活动。

建构课程标准到教学的实体化转化工具

前面提到,基于课程标准的教学,需要搭建相应的"脚手架"。它主要包含一些实体化的转化工具,如学科教学指导手册、课时的教学设计(教案)等,这些工具的研发和使用既是对教学活动的规范,更是一种引导。本节将就此展开一定的介绍和讨论。

一、制定学科教学指导手册

学科教学指导手册是学校层面将课程标准转化为具体教学的第一个工具,以下是一个范例。

××学科教学指导手册

××年级第×学期

(要素提示)

本手册仅是提供一个基本框架,包括三个方面的要素,供各学科教师备课参考。由于学科不同,各要素的具体呈现与表述方式也可以不同,但基本要素及其内容和整体框架需基本一致。

1.导言(学什么?为何学?)

(1)本学期学习内容与要求的课程标准依据。

（2）本学期学习的主要内容及其在整个学段中的地位、作用，与前后学习内容的关系等。

（3）本学期学习内容的重点、难点。

2. **学习目标与评价**（教到何种程度？怎样评价？体现校本要求与特点）

说明：①学习内容呈现的形式可以是：内容主题、单元内容等，可视实际需要对教材做出适当调整；②学习目标是对应内容的总目标分解细化，表述上包括四个要素：行为主体（学生）+行为条件+行为表现+表现程度；③评价建议与示例是指对应的检测手段和例子。

（1）本学期的学习总目标（三个维度，逐条清晰表述）。

（2）具体学习目标与对应评价（如表4-1所示）。

表4-1 学习目标与评价表

学习内容（单元）	学习目标	评价建议与示例

（3）学期考核与评价。

①考核评价的内容（与第二条对应）。

②考核评价的方式（过程性评价、期末评价等）。

③考核评价的工具技术（双向细目表、试卷结构、问卷等）。

附样卷（包括试卷和问卷，略）。

3. **教学建议及其示例**（如何教？）

说明：这部分可尝试问答式阐述，分别梳理出具有普遍和典型意义的教师疑问和困惑，提炼加工成若干个问题，并配以典型案例予以针对性解答，注意要可操作、可模仿、可迁移。

（1）对学习内容（教材）的处理（体现出两个内在的关联性：本册教材内

容分别同上下册教材之间的内在关系；单元之间的内在关系）。

（2）本册教材中重点、难点的解决（包含全册和单元）。

（3）课程资源的开发（除教材之外，可供利用的文本资源、网络资源、学情资源、社会活动资源等）。

（4）作业设计、布置和批阅。

附典型教案示例（略）。

这个工具连接了课程标准和具体的教学设计，是对课程标准的第一层次的分解和细化，这些内容为教师备课和上课提供了重要参照。这些工具如何产生？如何运用？如何渗入教师教学的每一环节？也许是教研组（备课组）教学研修的重要方面，其中，教研组长发挥着关键作用。下面是小学语文单元教学指导手册的部分内容，它强调了教学评价的具体操作，可避免教师教学中的随意和盲目。

五年级第一学期第六单元

（上海市九年制义务教育小学语文教材第九册）

【单元目标】

（1）能联系具体语言环境，理解重点词句的含义。

（2）结合训练阅读，圈画批注，记录自己阅读中的疑惑，并用多种方法尝试解决问题。

（3）在阅读过程中主动思考，记录对重点词句的品读、对行文线索的了解和感受。

（4）结合课文内容，联系自己的生活实际，学习课文的表达方式进行练笔。

（5）通过阅读，感受读书的乐趣与魅力。

重点目标：在阅读中，能圈画批注，记录自己阅读中的疑惑，并尝试用多种方法解决问题。

【单元教学计划安排】

表 4-2　某语文教研组单元教学计划表

课文	类型	课时
《读书再读书》	精读	2
《图书馆里的小镜头》	精读	2
《斯塔笛的藏书》	精读	2
《书的性格》	略读	1
《古文二则》	自读	
综合活动：结合阅读日开展阅读竞赛		2

【单元评价】

表 4-3　某语文教研组单元评价表 1

评价内容		评价方式	评价指标
课后作业 40%	抄词、写话	书面练习	按时上交，书写认真 正确率高，订正及时
	详细复述	口试抽查	能按课堂所学的方法进行反馈，复述时条理清晰、言而有序
单项知识检测 40%	课堂观测	随堂记录	有边默读边批注的习惯
	课外文本批注	书面练习	能记录自己阅读中的疑惑，并尝试解决问题。能抓住关键词，结合对文章内容的理解、主旨或结构写批注。语言表达流畅
综合活动 20%	结合阅读日，开展阅读竞赛	选一选 判一判 连一连 画一画	认真阅读，熟记内容 积极参与，准确答题

表4-4　某语文教研组单元评价表2

评价内容	评价项目	评价依据	评价主体
结合阅读日，开展阅读竞赛	活动准备阶段	认真自读必读书目内容，及时做好批注	自评、组评
	小组交流阶段	主动参与、共享感受，积极投入阅读交流活动	组评、师评
	竞赛活动阶段	准确牢记必读书目内容，正确率高	师生共评

【作业】

（1）作业目标。

①能结合训练阅读，圈画批注，记录自己阅读中的疑惑并尝试解决问题。

②能联系具体语言环境，理解重点词句的含义；能抓住关键字词、前后文的矛盾之处及语言运用等方面问题进行质疑；联系自己的生活实际，学习课文的表达方式进行练笔；详细复述重点段落或全文的内容。

（2）课前预习作业（如表4-5所示）、课后练习作业（如表4-6所示）。

表4-5　某语文教研组单元教学课前预习作业安排表

课前预习			
《读书再读书》	《图书馆里的小镜头》	《斯塔笛的藏书》	《书的性格》
①读准字音、选用合适的方法理解字词，并在书上做批注。 ②能关注课文材料的选择，提出并尝试解决问题。 ③能尝试展开对文章的表达、结构的学习，并做批注。			

表 4-6　某语文教研组单元教学课后练习作业安排表

课后练习			
《读书再读书》	《图书馆里的小镜头》	《斯塔笛的藏书》	《书的性格》
①写一写"商人捡石头"的故事与读书两者之间的内在联系。 ②照样子仿写句子。例：我没有去过非洲，没有去过南极大陆，但我却领略过非洲大陆的美丽风情，为南极洲的圣洁天地深深陶醉。 ③读书带给你什么好处？用总起分述的方法写下来。（可以写一个好处，举多个例子；也可以写多种好处，并具体举例）	①联系课文内容说说为什么"我"偏爱图书馆里的一个个小镜头？从中你得到了什么启示？ ②联系文章内容辨析词语：读下面的句子，说说带点词语是否矛盾。这样写说明了什么？ 宽敞的图书馆似乎显得拥挤些。 似乎这封闭了一夜的图书馆空气很清新。 ③课文的第五节分别写了戴眼镜的小伙子、梳披肩发的姑娘、白发苍苍的老人和几个孩子看书的镜头。你有没有观察过生活中的小镜头呢？模仿课文，用抓局部特征、人物动作神态的方法描写生活中的一组小镜头。	①想象写话：斯塔笛是怎样读书的，以总分的方式写一写。（提示：床头边……台灯下……窗台前……） ②读句子，提出心中的疑问，并尝试着查找资料或阅读课文自己解决。 "你觉得他怎么样，嗯？你觉得他这个青铜脑袋怎么样？结实得很，将来可不得了！" 为什么说斯塔笛的脑袋是"青铜脑袋"？为什么说"将来"？ "我真不明白，斯塔笛既没有才气，也没有风度，长得又可笑，可他却让我心中油然而生敬意。" 用"我"和父亲对话的方式介绍斯塔笛爱惜书、爱读书（注意父亲的话语中可以包含夸奖孩子的语气）。	写话（任选一题完成）： ①"家有藏书，不亦乐乎？"作者在文中用实例表现了他读书时的乐在其中。你有没有类似的有关读书的故事呢？写一写。 ②你认为书还有哪些性格？仿照课文的介绍方法来写一写。

（本手册内容由上海市徐汇区逸夫小学提供）

二、课时教学方案设计

教学指导手册的研制为课程标准的落实搭建了初步的"脚手架",使教师后续的教学有了较为明确的实施与评价方向。表 4-7 是与单元教学手册衔接的课时教学设计要素框架,这样的备课使手册的教学目标进一步细化落实到课时,落实到教学的细节中,从而实现目标制订、展开教学和实施评价的一致性。

表 4-7 课时教学设计要素框架

课题		类型		课时	
课时目标					
教学环节	目标指向		教学活动		评价关注点
作业布置					
板书设计					

(本表由上海市徐汇区教师进修学院高永娟、闵晓立老师撰写)

由此可见,就一门学科而言,教师通过上面的两个实体性工具的承接式转化,一方面可以引导教师按照课程标准展开教学,另一方面也是对教学行为和流程的一种必要规范,尤其对尚处在职初期的教师是很有必要的。

促进课程标准"落地"的研修活动

为了避免课程标准的落实同实际教学"两张皮"的现象出现,除了开发并运用必要的转化工具之外,还需要教研组展开一些具有针对性的研修活动,而这些活动有时是依托并运用某些技术或工具进行的。本节拟从教研组长如何组织教师解读课程标准、研发转化工具这两方面来阐述。

一、解读课程标准

毋庸置疑,基于课程标准的教学首先是要领会并理解学科的课程标准。在教研组内,教研组长应怎样组织教师结合实际研读并理解课程标准呢?

上海市徐汇区启新小学(市新优质学校)的数学教研组在实施基于课程标准的教学中,就如何组织教师研读课程标准做了有益的尝试。他们以研发学校的教学指导手册为载体,按需选择,突出重点,把课程标准解读及时嵌入研发的过程中,做到读用整合,读用互促,整体提升教师理解课程标准并运用于教学实践的意识和能力。他们在此基础上形成了以下组本课程标准解读实施细则。

【解读内容和要求】

解读内容主要包括课程目标解读、课程内容解读、实施建议解读三个方面：

(1) 课程目标解读。

认真学习《数学课程标准》（实验稿），全面领会数学学科的总体目标、学段目标及内容标准的具体目标，理清它们之间的内在联系。在此基础上，把学段目标和内容标准中的具体目标细化分解，形成每一册书、每一单元、每一课时的教学目标。

教学目标的制订要符合下面三条要求：

①全面性：既应有知识与技能目标，也要根据教学内容的实际恰当确定过程与方法、情感态度与价值观方面的目标。

②准确性：教学目标与课程标准规定应达到的层次要求相吻合，既不过高，也不降低。

③具体性：正确理解并合理使用课程标准中提出的刻画知识与技能的目标动词，如了解（认识）、理解、掌握、灵活运用等，刻画数学活动水平的过程性目标动词，如经历（感受）、体验（体会）、探索等，以此来表述教学目标，努力使目标的表述具备科学性、可操作性和可检测性。

课程目标解读成果应呈现以下三方面内容：

①全册教材的教学目标。

②单元教材的教学目标。

③课时教学目标。

(2) 课程内容解读。

课程内容解读以《数学课程标准》（实验稿）、教科书、教师用书为主要依据，适当参考其他可利用的课程资源。通过研读，理清教材内容与课程标准的对应关系，教材内容的前后联系，教材的编写意图与教学要求，教学中的重点、难点、疑点及其解决策略，并按以下三点呈现解读成果：

①全册教材的教学重点及原因分析。

②单元学习内容的前后联系。包括本单元内容学习前已学过的相关内

容（分布年级、册别）以及本单元内容后继学习的相关内容（分布年级、册别）。

③单元重点难点内容、重点难点例题与习题的简要分析及其教学策略提示。

（3）实施建议解读。

实施建议解读主要围绕教学中的疑点和困惑、教学目标的评价策略两个方面进行。在研读分析的基础上，形成以下两个板块的内容：

①教学提醒。针对教学中的疑点和困惑，提出形成的原因及其教学注意点。

②主要教学目标的评价建议。

【解读形式】

问题式解读。即在学习课程标准、分析教材、研读教参的基础上，从解读内容的三个方面入手，从整册、单元教材中抽出教师普遍关注的若干个问题，经过分析给出答案。

应注意的是，解读的最终结果不是课程标准条文的机械复制，也不是教辅资料的粘贴，而是切实结合教学实际，解决教师普遍关注的具体实质问题，为教师的教学设计提供指导性的、可借鉴的依据或信息。

【解读基本程序】

根据以上解读内容、要求和形式，可按照以下三个步骤科学地进行课程标准解读并保证课程标准解读的质量。

（1）个人研读。首先，要根据本校各年级教师的实际情况及教学特长，按单元或知识体系合理分工、明确任务、明确要求。其次，教师个人根据分工，按照课程标准解读的内容、要求和形式，细致地进行课程标准解读，对于自己制订的教学目标应阐述其课程标准的依据。

（2）组内交流。在教研组内进行交流，相互启发，相互补充，相互完善。

（3）课堂实践。将理解的课程标准内容，结合具体教学在操作中验证。不断深化自己的领悟、理解，提高对课程标准的解读能力。

由此可见，课程标准的解读不是普通的文本阅读和空泛的讨论，而应该是扎根实际，基于问题解决、任务驱动下的体验内化性的学习与领会，唯有如此，才是"真"解读，对文本的研读才能有效。对教研组长来讲，首先是要研读在前，思考在先，善于表达自己的思想；其次就是以问题解决为导向，在构建研修活动的任务链中，及时融入课程标准解读活动，努力创设和捕捉课程标准条文同实际教学相对照的研讨契机，让课程标准的文本表述，由文字符号化为教学情境和行为，自觉地指导自己的教学。

二、研发转化工具

由学科课程标准转化为具体的教学和评价，所需工具主要是通过教研组内每位教师相互协同、共同探索产生的。团队的研修是基本保证。根据已有的经验和做法，两个基本工具——教学指导手册、课时教学方案，其研发的主要程序如图 4-1 所示。

在这个程序中，不难看出有两个环节是至关重要的。第一个环节是样例研讨。在第三章，我们曾提出，样例示范是一种十分有效的研修策略，由于转化工具的样例具有示范性，所以教研组在实施基于课程标准的教学时，教研组长应关注三类样例的产生和研讨，即学科教学手册样例、典型课堂教学样例和相关研修活动样例。以这三类样例的研制为重点，开展系列化的专题研修活动，旨在让研制者在反复修改、深刻理解的基础上，形成较为成熟和典型的工具样例，这个环节是集中攻关、寻求突破的过程。第二个环节是解读样例与培训。这个环节主要是通过扩大队伍，组织备课组的老师开展培训，学习领会工具样例，尝试研制出各备课组的三类工具，扩大工具使用的范围，进而形成本学科基于课程标准教学的转化工具体系。它是培训、迁移和运用过程，使学科课程标准真正落地、落实、落细，与此同时，产生溢出效应——研修活动的课程化。

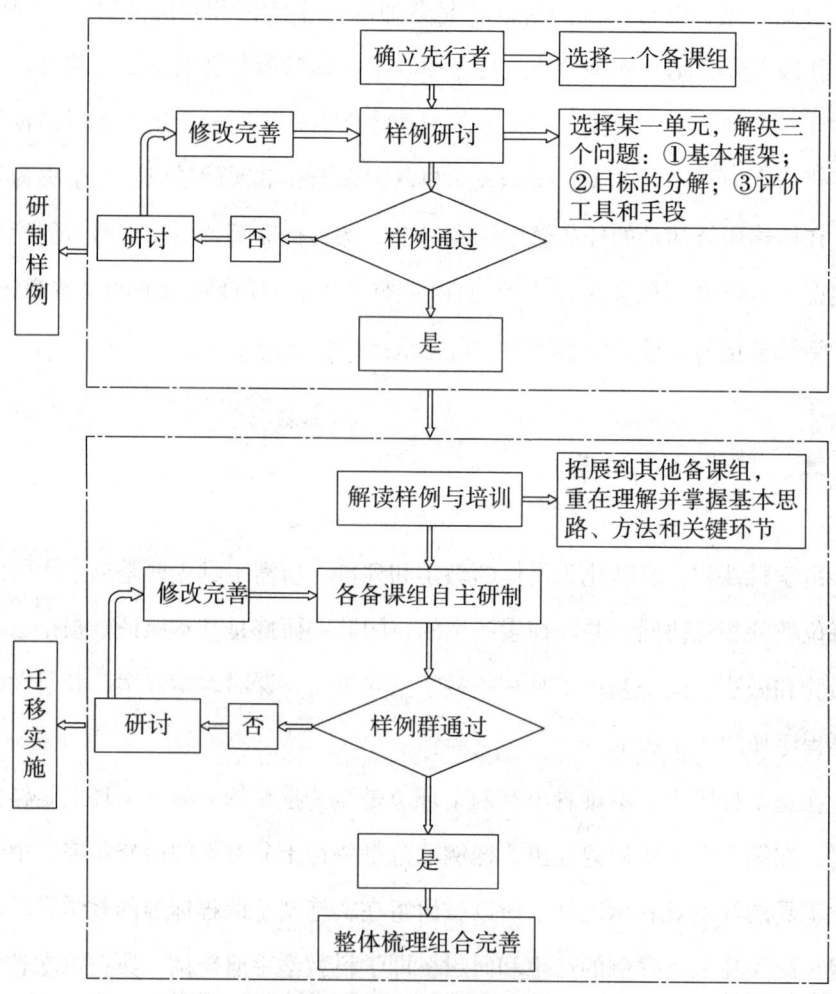

图4-1 转化工具研发流程

研修中的课堂观察与反思

在教研组的研修活动中,一项很重要的任务就是聚焦课堂,研究课堂内发生的事件。因此,基于问题解决的观课评课活动的组织和实施,是教研组长必须掌握的本领。

坦率地讲,以观课评课作为主要形式的研修,除了注意有效应用前面提到的一些基本策略或技能之外(如预热、任务链、互动共享等),为了使活动更具实效,还需要灵活应用一些重要的技术手段和工具,以使我们对课堂教学中的问题发现、归因分析、形成假设、验证解决等能依据证据而不仅是凭直观经验,进而体现出研修活动的实证性。要达到这样的研修效果,其中的主要技术手段和工具就是科学合理地展开课堂观察与教学反思。

一、课堂观察及其实例

1. 课堂观察及其存在的问题

所谓课堂观察,是指观课者依据明确的目的,通过自身的感官,借助相关的辅助工具或技术(如观察量表、摄录器材等),直接或间接地从教学情境中获取资料或数据,并依据资料或数据提供的信息展开研究的过程。

在众多教学研究方法中,课堂观察因其较为简便和实用,为广大教师所熟悉。一般而言,按照英国学者戴维·霍普金斯在《教师课堂研究指南》一书中所指出的，根据观察情境的范围和观察的系统化程度可以将课堂观察分为开放式观察、聚焦式观察、结构式观察和系统性观察。

目前，教研组展开的课堂观察更多的是采用聚焦于某一教学专题的准结构式观察。然而，了解熟悉的东西未必就用得好、用得有效，这主要存在以下几种情况：

（1）教师对课堂观察的基本程序和方法缺乏了解，只知大概，实际运用缺少技术手段，导致观课评课活动粗放毛糙。

（2）将课堂观察同复杂量表等同起来，认为只有运用科学量表工具才是正宗的课堂观察，导致部分教师知难而退。

（3）虽然教研组内也引入并运用了相关观察工具，但感觉太费精力，偶尔为之可以，常态运用不可行，造成科学的课堂观察仅限于课题研究或教学实验范围（如参与某些专业机构的实验等），难以普及。

鉴于这些情况，要让课堂观察真正成为教师研究课堂教学的有效途径和工具，需要解决的核心问题是：如何兼顾课堂观察工具（如量表）的科学性（权威性）与可操作性（普及性）的统一？在教研组的磨课研修活动中，课堂观察应怎样组织和实施，如何与教师的学习体验紧密结合？前者涉及课堂观察工具的来源和使用，后者则体现出教研组长对这一研究方法的理解与掌握程度。

这里，我们主要不是介绍如何进行课堂观察。作为一种课堂教学的研究方法和技术，有关这方面的文献资料比较多，感兴趣的老师可以去进一步寻找和学习。我们主要通过一个案例，向大家介绍怎样组织基于课堂教学证据的课堂观察研修。

2．一个实例

上海市徐汇区上海小学数学教研组近几年开展了基于课程标准教学，提升教师学科教学知识（PCK）的课堂教学实践探索，主要的途径是：以教师课堂教学中的若干关键要素（专题）作为观察对象，在相关专业人员的指导下，通过组内教师连环跟进（构建任务链）的研修活动，研制出可行的观察工具（简单量表），使教师一方面掌握科学的观察方法与技术，另一方面对PCK的组成和内涵有更加直接的感受，进而解决理论与实践脱节的问题，提升教师对教学的理解。

该组的主要研修程序是：

（1）**扫盲澄清**。初识"课堂观察"，研制观察量表。教研组引入专业资源，邀请专家做"高效课堂与课堂观察"的辅导报告，提供思考视角与实践案例，帮助教师跳出直观经验的局限和束缚，重新审视课堂和教学，消除课堂观察的神秘感和疏离感，减少和消除教师的知识盲区或误区。

（2）**实践尝试**。通过群体研讨，梳理出课堂观察点，运用所学知识编制出观察量表样例初稿。

（3）**内化运用**。修改完善观察量表，教研组老师带着量表样例进入课堂，分头搜集数据，集中分析共享数据，进而修改量表。

（4）**体验感悟**。教师个人动手撰写课堂观察报告，参与专题教学竞赛。

（5）**专家点评**。帮助教师深化对相关知识与技能的感悟理解。

通过上述程序的教研组研修，教师对基于课程标准教学在课堂教学细节上的落实有了更深刻的认识，也初步掌握了相关评价工具，使课堂观察及其量表研制始终"浸润"于实际的教学，扎根于自己的经验更新。下面是一位教师的课堂观察报告。

小学数学教师语言性理答的观察报告
——以方老师《计算比赛场次》一课为例

【引言】

理答是教师在课堂上经常使用的一种教学行为。所谓理答，就是教师对学生回答问题后的反应和处理，是紧随学生的反应。它是课堂问答（发问、候答、叫答、理答）的重要组成部分。

理答既是一种教学行为，还是一种评价行为。它是教师对学生的回答做出的即时评价，以引起学生的注意与思考。可以说，理答是一种重要的教学对话，直接影响学生对某个问题的理解和下一步的学习进程。

教师的理答还是反映教师与学生之间互动质量的指标之一。教师的理答反应直接关系到学生回答问题时的积极性，影响到课堂上学生的参与是否成功，也影响到学生对一堂课甚至一门课的学习兴趣与态度。

课堂教学中的理答环节，也是教师获得信息反馈的主要渠道，一方面，教师可以通过理答及时厘清教学线索，调整教学流程，修正教学内容；另一方面，教师通过理答尊重了学生的想法，倾听了他们的心声，了解了他们的学习情况，关注了教学细节，进行了针对性的指导、点拨和启智，可以据此及时进行课堂调控，确保教学的高效顺畅，提高课堂教学的有效性并影响教师的长期教学效果。

【观察方法】

1. 观察对象

为了进一步了解当前小学数学教师的语言性理答行为，笔者以方佩丽老师的一节《计算比赛场次》展示课为例，开展课堂观察。

（1）关于执教者：方佩丽，教龄27年，一直执教小学高年段的数学，对高年段学生和教材相当熟悉。

（2）关于教材:《计算比赛场次》是上海教育出版社四年级第二学期（试用本）第五单元数学广场的一个教学内容。在本册教材中，它是一个相对独立的内容，但放眼整个高年段数学，它是以三年级《搭配》的乘法原理为基础，又是为五年级《可能性》中的排列组合思想服务的。

2. 观察工具

教师的课堂理答分为语言性理答和非语言性理答。在这次课堂观察中，笔者主要观察的是教师的语言性理答，运用的是《数学教师语言性理答观察量表》，见表4-8。

表 4-8　数学教师语言性理答观察量表

理答类型				次数	百分比	合计
教师语言性理答行为	诊断性理答	肯定	简单			
			重复			
		否定	简单			
			引导并纠正			
	目标性理答		代答			
			引答			
			归纳			
	发展性理答		追问			
			反问			
	激励性理答		泛化表扬			
			特定表扬			
总计						

3. 记录方法

观察课堂实录，采用手工记录方式，记录教师的问题，观察教师的语言性理答行为并对数据进行统计与分析。

【观察结果与分析】

1. 数据统计

在整个课堂观察中，方老师共理答了 301 次。其中，诊断性理答 68 次，占 22.59%；目标性理答 123 次，占 40.86%；发展性理答 79 次，占 26.25%；激励性理答 31 次，占 10.30%。某时段理答情况见表 4-9 所示。

表 4-9 数学教师语言性理答观察量表各项目频数统计表

理答类型				次数	百分比	合计	
教师语言性理答行为	诊断性理答	肯定	简单	2	7.14%	17.85%	24.99%
			重复	3	10.71%		
		否定	简单	1	3.57%	7.14%	
			引导并纠正	1	3.57%		
	目标性理答		代答	2	7.14%	7.14%	39.29%
			引答	4	14.29%	14.29%	
			归纳	5	17.86%	17.86%	
	发展性理答		追问	4	14.29%	14.29%	25.00%
			反问	3	10.71%	10.71%	
	激励性理答		泛化表扬	2	7.14%	7.14%	10.71%
			特定表扬	1	3.57%	3.57%	
	总计			28	100%	100%	100%

（注：由于保留小数位数的缘故，百分数合计不是100%，这里取约数）

2. 分析

（1）优点分析。

①善于归纳，提高思维效度。从统计数据上不难发现，在四项理答行为中，所占比重最大的是目标性理答。其中，"归纳"出现的频率最高。适当的课堂归纳可以帮助学生理清知识结构，掌握知识的内在联系，促进学生构建自己的数学知识体系。《计算比赛场次》讲了三种不同赛制下球队要进行几场比赛才能获得冠军。即便是单循环赛制，也有乘法和加法两种不同的算法，所以整堂课的知识点是非常多的。如何将这么多似散落的珍珠般的知识点串成一根"珍珠项链"呢？方老师适时地进行归纳总结，很好地达成了这一点。通过学生的解释、三种赛制的比较，方老师一层一层地用规范的数学语言将学生发现的规律进行归纳，使得教学内容多而不乱，井井有条。学生也在老师归纳的过程中理顺了

知识，突破了难点，完成了抽象和建模的过程，升华了思维。

②适时引导，降低思维难度。在目标性理答这一项目中，教师"引答"的频率也较高，仅次于"归纳"。由于体育比赛中的赛制离学生的生活稍有距离，且在参赛队数量增加后计算复杂或是几种不同赛制下的计算方法不同，学生在课堂上频频"卡壳"。教师提出问题后，学生往往答得不够正确或者答非所问。遇到这种情况，方老师则会及时引导、适时点拨。在引导过程中，方老师不但能捕捉学生思维中的闪光点，也能捕捉学生"卡壳"的关键点，从而帮助学生拨开学习过程中的层层迷雾，找到正确的思路和方向，最终有效解决问题，让教学柳暗花明。适时的引导不仅让学生在解决问题的过程中启发了思维，也让学生掌握了解决问题的方法，从而收到良好的教学效果。

③顺势延伸，挖掘思维深度。从统计数据的结果看，诊断性理答和发展性理答也是教师常用的理答方式，各占25%。在发展性理答中，教师善于运用追问和反问，顺着学生的思维，润物细无声地将数学知识的本质层层展开，使学生对计算比赛场次方法的认识更清晰、掌握更牢固。在学生回答完问题后，方老师经常会接着问一句"为什么""你是怎么想的""这个算式表示的是什么意思"等，通过有效的理答，将学生对某些问题模糊、片面或者肤浅的理解有意识地引向深处，在矛盾冲突中引导学生就原来的问题进行深入而周密的思考，由表及里，举一反三，从而对问题的认识更加准确、全面而深刻。也正因为这样的追问和反问，激发了学生思维的火花，学生有了很强的探究欲望，也产生了很多有探究价值的问题。

总的来说，整堂课的教师理答还是处理得比较好的，但也存在一些不足之处。

（2）不足之处分析。

①重复理答。在诊断性理答中，"重复"的频次最高。教师经常把学生的回答重复一遍。有时可能是无意识的，有时是为了给自己更多的思考时间，虽然也会起到强调、肯定的作用，但也因此使课堂拖沓，影响了课堂效率，而且很

多时候这种重复是没什么效果的。

②简单理答。在学生回答问题后,简单理答的频率也比较高。课堂上,如果学生的回答达到了教师的预期,则教师会说"嗯""是的"等,或是以"说得不错"等进行简单表扬;如果学生没有达到教师的预期,教师则会说"还有呢""再想想"等草草了事,学生并不了解原因,这样的理答显然是不够的。

【讨论】

1. 关注表达,以预设促生成

理答是教师对学生回答问题后的反应和处理,很多教师认为理答是即兴的反应与评价,无须预设也无法预设。所以,在课堂上,教师的理答具有随意性,这种随意性跟教师的性格、习惯和能力等有关,有些甚至是无意识的,因此简单理答和重复理答成为现在教师理答的通病就不难理解了。事实上,理答与提问一样是可以预设的。比如,对关键问题的追问、对重要定理的归纳等;再比如,对学生回答的不同方式的肯定与表扬等。关注预设,促进生成,可使得理答多样化甚至艺术化。

2. 关注错误,以激励促内省

美国心理学家、教育学家布鲁纳曾经说过:"学生的错误都是有价值的。"但在很多时候,教师为了保证课堂开展的顺畅而忽略了学生的错误。尤其是在一些公开课上,教师往往对此视而不见,有的教师则只停留在简单否定的层面上。课堂上,引导并纠正学生错误的理答并不多。其实,在课堂理答时,我们经常会遇到学生讲不清楚、讲不完整甚至回答错误的时候,教师可根据学生的表达,关注错误,进行有效补充,以激励促内省。这样,不仅可以形成积极、主动的学习氛围,还可以开拓学生的思路,提升学生的数学思维。

【反思与建议】

1. 关于观察量表

在整个课堂观察中,我们运用的观察量表较为简单。这容易使记录者产生混淆,导致观察者的主观性较强,不利于后期的数据分析。比如,教师的一次提问，到底是属于单纯的提问范畴，还是理答范畴中的反问、追问。另外，教师的课堂理答除了语言性理答，还包括肢体语言、面部表情等非语言性理答，只观察理答的一个方面，是不能全面说明问题的。所以，建议对此观察量表进行内容上的扩充，使观察角度更为完善。

2. 关于教师

简单理答和重复理答是现在大部分老师的通病。理答作为数学课堂中激发学生兴趣、调动学生思维积极性、推动深入探究、引领学生追寻数学思想之精髓、体验数学学习的实用性和趣味性的一种必然手段，教师必须得关注理答的预设和生成，寻求理答方法的多样化与艺术化。

总而言之，在今天的课堂教学中，我们应该充分重视理答的重要性。只有智慧理答才会彻底解放学生，充分展示教师的教学个性，为学生的学习提供持续的动力。这样的课堂才是扎实的、厚实的课堂，才是有效的、灵动的课堂。

（本案例由上海市徐汇区上海小学林磊老师撰写）

由此可见，围绕课堂观察和工具的研制，组织起有效的教研组研修活动，能够强化教师的体验，深化其思考的力度，提升其对课堂教学分析思考的理性水平。此外，这样的研修也较好地强化了研修活动的思辨性和实证性，有效地提高了研修的质量。其中，工具（量表）的产生并非目的，让教师借助这把"阶梯"展开攀登才是目的，所以，教研组长必须更关注工具量表研制过程中教师的学习、体验和收获。

二、课堂反思及其方法工具

开展课堂教学反思，是学校教研组研修的重要目的，也是教师研修和培训领域的核心研究命题。美国学者波斯纳提出的著名公式：成长＝反思＋经验,突显出反思在教师专业成长中的突出作用。国内外大量的研究表明,反思能力是教师必须具备的五种专业能力之一(其他还包括:娴熟运用现代信息技术的能力、有效协调人际关系与沟通表达的能力、解决问题与行动研究的能力、创新思维与实践的能力);另外,本书前面阐述的基于教师学科教学知识(PCK)的螺旋式发展与建构,也离不开建构主体(教师)对自身教学过程和行为的反思。

毋庸置疑,随着对教师专业发展与培训的研究探索,反思型教师的特点及其发展越来越清晰,其方法和手段也越来越多样。

有必要指出,反思是人的一种本能,教师原初状态下的反思能力与其具有的反思特质还是有区别的。教学中的反思能力主要是指"在教学过程中,把教学活动本身作为意识的对象,不断地对自我及教学过程进行积极主动的计划、检查、评估、反馈、控制和调节的能力"(吴卫东、骆伯巍,2001)。而反思特质则是教师身上所表现出的反思的独有品质,包括反思的批判性、深刻性和敏感性,它更多的是一种基于能力又超越能力的反思意识,这些是需要在教学实践中长期不断地引导和实践才有可能养成的。

既然教师的反思能力与特质如此重要,有关的理论文献研究浩如烟海,一般性的培养程序和途径也很多,那么,在教研组内如何有效地培养教师的这种能力呢?换句话说,我们在研修活动中可以采取哪些具体方法,借用哪些工具来实现呢?这里仅介绍两个可行而有效的工具。

1. 开发利用"左手栏"

"左手栏"源于美国管理研究大师彼得·圣吉的著作《第五项修炼》,它实际上是在团体学习与研究的过程中,一种可借以"看见"个体内隐的心智技能在某些状态下显现、运作的一种技巧和方式。在具体使用中,它通常是以特定的栏目表格记录作为呈现方式的,基本样式如表 4-10 所示:

表 4–10 "左手栏"样式

我所想的	同伴的观点
……	……

表格中，右边栏目主要是将讨论中不同伙伴对问题的看法记录下来；与此同时，还要及时地把自己的真实想法在左边栏目中对应地写下来。一场讨论结束之后，由记录者对讨论的内容做细节方面的主客观比较，理出自己的想法与同伴之间的主要差异，最后明确需要进一步求教与探讨的问题，为下一步的探究指出方向。

（1）如何使用"左手栏"。显然，"左手栏"的使用很大程度上为讨论者提供了一个表露想法、比较交流的操作载体，能不断地引导参与者在反思中批判性地吸收他人观点，明晰和修正自己的思路，有助于讨论或研究不断地向纵深发展。

①在教学研讨中使用"左手栏"是基于对教学中生成教学问题的讨论而展开的，所以，记录和内心表白都是紧紧围绕问题进行的。下面是一位青年教师在试教一堂研究课之后与同事围绕教学效果讨论时的一段记录（如表 4–11 所示）。

表 4–11 "左手栏"示例 1

我所想的	我与同事交谈的
这节课试教效果不太好，我要向同事们询问一下他们的感受，希望听到的不全是批评。	我：你们觉得我这节课上得怎么样？

续表

我所想的	我与同事交谈的
我总不能说自己很差,反正我是按照教研员的思路来备课的,她可是经验丰富,难道你们会有比她更好的点子吗?	同事:嗯,还可以吧。你自己觉得怎样? 我:我的教学过程很多是按照教研员的想法来设计的,应该是不错的,或许是我对这个班的学生熟悉的缘故,没达到预期的效果。
他们为什么不给我提建设性的意见,难道不想让我把这堂课上得更好吗?	同事:或许吧,但希望你再多钻研教材,回去再备课,把这堂课上好。

在这个"左手栏"中,这位教师为避免丢面子,采取了一种防卫性姿态来对待同伴的意见,最终又为没能得到同伴的真实想法和实在的帮助而感到遗憾。这段记录是当时的对话以及她内心的想法,通过事后对这段记录的自我比较分析,她可以设想下一步的行动:是继续寻求帮助,还是另找出路?

② "左手栏"可以视需要在教学研究中连环递进使用,直至问题得到解决,从而构成一个完整的研讨思考的经历。比如在上表中,作者没有得到同伴的真诚帮助,心里感到有点失落,反思之后,她摆正了心态,及时做了调整,又与同伴展开了讨论。下面是她基于第二次讨论跟进的"左手栏"(如表4-12所示)。

表4-12 "左手栏"示例2

我所想的	我与同事交谈的
上一次同事们的议论让我感到他们有顾虑,这一次我要彻底地坦露自己的想法。	我:谢谢你们上次给我的建议,今天的课学生反映不错,但我总觉得还不够好,你们能帮我分析一下吗? 同事:教研员的教学思路固然值得学习,但你也应该有自己的想法,怎么顺就怎么上,不必为教案所局限。如果把课文中的

续表

我所想的	我与同事交谈的
	说话练习环节放入课后延伸部分是不是更合适呢？你应该在上课过程中根据学生实际随时调整教学环节。
是啊，我可能太依赖前人现成的教案、迷信"专家"了，没有根据实际控制好教学节奏。	我：这也一直是我困惑的地方，我应该再一次钻研教材，并发挥自己的教学所长。 同事：别担心，你已经进步很大了。如果遇到困难，我们会帮助你的。

通过连环递进使用"左手栏"，这位教师赢得了同伴的信任，困惑已久的问题得到了初步解决。

(2)"左手栏"发挥的作用。教师写"左手栏"不是为了给人看，而是为了在与他人的思想观念发生冲突时觉察自己扮演的角色，及时汲取有益的养分，调整并改善自己的心智技能。这种富有建设性的意义互动，正是通过内心的独白来实现的，同时也有效促进了教师智慧的传播和分享。从上面的阐述来看，"左手栏"在教师的教学研究和专业成长中至少体现出这几方面的作用。

①澄清问题。教师参与研修活动的目的首先在于澄清某些问题，因为教师遇到的困惑一般是课堂教学中随机发生而难以掌控的意外事件，对于问题出在哪里，往往缺少寻找办法，需要他人的帮助。一般性的指点通常不能马上使当事人对问题有所感受，一个有效的途径是留出时间让教师自己分析，在有意识地记录下同事的看法和自己的想法之后，静下心来做细致的比较思考，这有助于梳理纷杂的思绪和同伴的建议，进而排除表面现象的干扰，看清问题和症结。"左手栏"为此提供了可行的机会与载体。

②评估假设。一般情况下，对于教学进程中发生的问题和现象，教师往往在习惯的驱使下、基于自己已有的经验做出解释与判断。但是，这种带

有假设而未经新情况下自己实际操作的东西有时缺乏科学性和实践性，难免会碰钉子、走弯路。教师借助"左手栏"的写作思考，与同伴进行深入的沟通，捕捉有用的信息，从他人的言论中体会类似的经历，并与自己的解释或判断进行实质性的对比，有助于对这些解释判断做出客观的评估修正，提高研讨的效果。

③引申迁移。教研中讨论的问题有时具有连续生成的特征，随着探讨的深入，问题会随之演变或展开，如果不及时留下痕迹，很容易由于遗忘而使讨论的线路变得模糊。"左手栏"的写作和整理在于理出议论的重点和关键，把握议题的产生和走向，触发作者的联想，产生迁移运用的动机，促进研讨的深入，提升教师的教学思维水平。在现实中常常多次连环运用"左手栏"的目的就在于此。

④经验加工。"左手栏"一般采用交谈中的言语实录和自己内心独白双轨同步展开的方式进行反思整理，在纵向上理清讨论的发展轨迹，在横向上做不同观点的对比，细腻而且到位，它的写作过程也是教师个体体味同伴思想并且批判性地予以吸收加工的过程。这种经过改造的他人经验，模仿成分减少，比较适合自己的实际，也便于操作，加强了教师之间经验传播的内化程度，为经验的创新乃至升华创造了必要条件。所谓教学研讨过程中的柔性碰撞就是这个意思。

（3）*"左手栏"写作技巧*。要有效地发挥"左手栏"在教师教学智慧分享中的作用，除了了解和熟悉这种记录表白方式的形式特点之外，还有必要掌握一些写作技巧，主要有如下几条：

①真心坦露。从某种意义上讲，"左手栏"仅仅是同伴间间接沟通的中介，无须公开，所以写"左手栏"要消除碍于颜面、怕被人看作外行、不愿暴露自己真实想法的顾虑，不迷信权威，如实客观表白内心想法，这样才能触及心灵，得到大家的帮助。

②倾听回应。写"左手栏"的素材来源于讨论过程中的所闻所思，因此

作者有必要全身心地参与，仔细倾听，辨别他人话语中蕴含的意思，及时做出回应，这样才能捕捉思维的火花，为事后的回顾整理创造条件。

③心历描述。顾名思义，这是指教师努力刻画自己在与同伴对话进程中内心的真实想法，再现当时的感受，关键地方和环节需要重点展开，细致表白，便于表达内隐想法，挖掘潜藏的问题，理出分析改进的切入点。它对教师的表达与描述能力要求较高，可以在讨论的进程中做些记录，以防事后遗忘。

2. 用好观课磨课反思表

如果说"左手栏"为教师在教学研讨中的反思提供了一种手段，那么，观课磨课反思表就是在教学研讨中，根据教师所扮演的不同角色，提供必要的具有个性化和针对性的反思手段与工具。

显而易见，教研组（备课组）的研修活动是大量围绕某一研修专题（主题）而展开的观课磨课活动。目前普遍存在的磨课活动功利化（为了参赛获奖）以及活动粗放化（观点重复，仅关注方法改进，忽视追因分析和迁移等）倾向，很大程度上使教师的反思停留于浅表和无序，削弱了对以磨课为载体的反思能力与意识的培养，其研修效果当然也就打了折扣。

某初中语文教研组围绕初中文言文阅读教学展开了磨课活动，下面是执教者的反思（如表 4-13 所示）。

研修专题：___初一文言文阅读教学的探究___

教学内容：___初一《卖油翁》___

第（一）次试教

使用说明：请仔细回顾这次教学后的教学研讨过程，注重细节描述和原因分析，实事求是，客观叙述。

表 4-13 教师教学反思表示例

	原先的想法和做法	现在的想法和做法	受何启发（同伴的建议、专家的指点、文献的启示、课堂的自我感受……）
教学目标的制订（是否有调整？）	（1）继续学习通过诵读揣摩文意，析词、辨句等方法，提高阅读文言短文的能力。 （2）继续培养、提高叙事写人类文章的阅读理解能力。	概念较多，内容有交叉重合。第一点提及阅读文言短文的能力及两个方法，第二点又将文章定位为叙事写人类文章，与第一点的后半段有重合。据此调整为： （1）提高语言的敏感性。 （2）培养深入阅读的意识。	教研员刘老师对教学目标进行字斟句酌的推敲，她的提示简化了教学目标的语言表述。
教学内容的处理（是否有变化？）	（1）文言结合，通过辨析文中描写部分的关键字词，理解文中细节描写的具体内容和作用，最终突破学生浅阅读时文本理解的思维定式。 （2）根据以上思路，以文中人物动作描写以及语言描写中的诸多关键词作为课堂探讨的语言材料，并进一步通过建立起各个细节之间的内在因果关系，加深学生对情节发展内在逻辑的理解。	（1）删繁就简，有助于难点的深透解决，同时以难点为教学的主要任务，使之前建立细节间内在逻辑关系的思维训练有了运用的情境。 （2）从词语到情节，从情节到人物，从人物到主旨，从语言到内容，文言结合的意图、过程感、深度得以强化。 （3）学法指导更加具体，操作性更明确。 ①继续坚持文言结合，通过辨析词义，深化理解细节描写在人物塑造方面的作用，以点带面，突出对教学重点难点的处理。以文中人物语言中出现的虚词"亦"为突破口，联系上下文语境，进	本堂课确立了研讨主题："课堂突破口"的设置以及"如何文言结合"。在此研究方向下，重新评估教学内容的确切性，力求更好地达成研讨专题的效果。

续表

	原先的想法和做法	现在的想法和做法	受何启发（同伴的建议、专家的指点、文献的启示、课堂的自我感受……）
教学内容的处理（是否有变化？）		行语义比较，进而比较语言背后人物的思维方式，归纳并深化理解文章主旨。 ②注重运用、归纳学法，初读文章，归纳将人物语言与上下文语境相结合，理解词句深意的方法，并主动运用，从中生成学习体验，内化为自身能力。	
教学评价的设计（是否有改进？）	作业布置： （1）根据上下文，思考文中两处"无他"的"他"，具体指的内容有无不同？ （2）查阅有关"谥号"资料后，研究陈尧咨的谥号"康肃"，探究其含义。 （3）将题目改为"陈康肃"，扩写故事。 本意是强化对课堂中学习的语义理解、人物形象理解、情节理解的巩固运用。	作业布置改为： 以读引写，补充人物语言（可在课堂时间活动不足的情况下，留作课后作业）。 根据你现在对文章的理解，猜测一下，文中结尾陈康肃"笑而遣之"时会说什么，怎么说？（可尝试用文言字词） 提示：设计的依据有，情节的连贯合理、人物特点、故事的表达意图等。 这样，通过片段写作，进一步运用、体会课堂中所学的人物语言与语境的关系。	基于对文本理解和教学内容的进一步明确，对作业设置也相应产生了新的想法。

续表

	原先的想法和做法	现在的想法和做法	受何启发（同伴的建议、专家的指点、文献的启示、课堂的自我感受……）
教学环节的处理（这次研讨后，哪些地方有变化？）	参考课下注释，阅读全文，交流初读课文后对主旨的理解。	此环节改为： 参考课下注释，阅读全文，交流初读课文时对主旨的理解，并说说分别从哪里读出了"熟"和"巧"。 想法： 在初读课文的环节中，加入对学法的演绎和归纳。通过学生能够把握的道理"熟能生巧"，帮助学生解析结论得出的过程和方式，为下一个环节课堂学习活动中的学法指导做铺垫。	通过深度备课和对教学环节实施的预估以及教学内容中学法的进一步具体，教学环节间的层次性和逻辑性得以相应地细化、明晰。
	辨析两处"无他"的不同之处，分析其表意差别。 辨析两处"亦"的表意差别。 刚才同学们着重分析了卖油翁所说的"亦"，强调二者之间的相似性、可比性。陈康肃的话中也曾经用过"亦"。"汝亦知射乎？吾射不亦精乎？"陈康肃为何要用"亦"？改动并比较	调整如下： （1）指导学法：读人物语言，除了理解基本意思，还可以进一步细读人物语言中的用词，或琢磨隐藏其中的深意。 （2）尝试运用：探讨陈康肃和卖油翁各自言中"亦"的作用。 ①根据语境选择义项。 解释"亦"的本义和引申义。 ②根据语境选择义项。 这样做的意图是，在初步感知后，进一步联系上下文本，探讨"亦"的作用。	受到近阶段市教研室提出的"关注学生学习经历"的教学思想的启发，进一步明晰学生学法的步骤，在课堂活动中突显这一类文章阅读的基本方法，使之成为可复制的经验。

续表

	原先的想法和做法	现在的想法和做法	受何启发（同伴的建议、专家的指点、文献的启示、课堂的自我感受……）
教学环节的处理（这次研讨后，哪些地方有变化？）	"汝知射乎？吾射精乎？"比较语气上的变化，再追问陈康肃何以有这样的语气。 预设：身份、本领、自矜的态度。	设问：陈康肃为什么要用"亦"强调"不同"？卖油翁为什么要用"亦"强调"同样"？ 想法：教学环节舍去对两句"无他"的分析，保留对两个"亦"字的分析，并指向用词的原因探究。 同样立足于人物语言的比较分析，从比较"句"，改为比较"词"，更小的语言单位，更小的细节。从比较同一人物的前后两句话，改为比较不同人物的语言。通过比较，体会不是停留在情节的变化，而是不同人物在不同情境下的语言分析。兼顾"这一个"人物性格和"这一个"处境两方面的原因，深化之前的学法指导，为之后主旨归纳做铺垫。	
	在详细分析文本之后，朗读人物对话。 意在通过朗读，展现学习的体会。	此环节改为： 在对人物对话分析前，朗读人物对话。 通过朗读对人物语言语义有初步体会。	通过试教，察觉原定顺序中朗读环节与下个环节承接不够自然，而没有朗读，直接进行文本分析，学生不能在短时间内建立对

续表

	原先的想法和做法	现在的想法和做法	受何启发（同伴的建议、专家的指点、文献的启示、课堂的自我感受……）
教学环节的处理（这次研讨后，哪些地方有变化？）	复述课文，说说从故事中读出了什么。注重引导学生建立起课文前后内容的情节链，揭示陈康肃的"自矜"引发了卖油翁的不以为然，接着引发了陈康肃的"忿然"，进而引发了卖油翁展示绝技并自谦，最后引发了陈康肃收敛傲气。帮助学生了解，从情节中归纳人物性格的方法和过程。	此环节改为：通过课堂学习，对故事的理解有何补充或改变？预设：陈康肃以技艺自矜，卖油翁不以技艺自矜；在这个态度的背后是二人对"人"和"客观规律"之间辩证关系的认知不同。这样调整的意图是将原先的人物特点分析与主旨归纳更紧密有效地联系起来，加深对文本的理解。	文本的熟悉度和感受力。通过反复备课、研读课文，对文本逐渐有了新的阅读体验，而参考陈友勤老师的同课教案，自己的理解也得到了印证。将此植入教案中进行调整。
	学法小结：无	增加了学法小结教学环节。小结：（1）补充"历史上的陈康肃"以及历史上欧阳修对陈康肃的看法。（2）"一枝一叶总关情"，"一字一句也达意"，无论文中的人物语言是"确有此话"，还是作者的"艺术加工"，结合语境，细细推敲之	深入贯彻学法指导的思想，思考培养学生学法反思总结的意识。

续表

	原先的想法和做法	现在的想法和做法	受何启发（同伴的建议、专家的指点、文献的启示、课堂的自我感受……）
教学环节的处理（这次研讨后，哪些地方有变化？）		下都有可能发掘深意。所谓语境，在本文中涉及了人物的身份、人物的个性、事件的原委等。 在第一环节的学法指导基础上进行重审和补充，帮助学生养成学法反思和总结的习惯，强化落实课堂学科知识和能力。	

下一步调整的重点

基于培育学生语言的敏感性，需对几个教学环节做较大调整，详见上面的具体描述，进而达到预期的教学目标。具体效果如何，在第二轮教学中去验证尝试。

（本反思由上海市西南位育中学杨晓燕老师提供）

这是执教者第一轮试教后的反思，我们可以发现一些特点：第一，反思的指向性清晰，对整堂课的教学，从教学目标的制订、教学内容的处理、教学评价的设计、教学环节的处理几个方面分别加以分析反思，避免了胡子眉毛一把抓；第二，实事求是，甄别前后的变化，有助于厘清改进的重点；第三，注重原因分析，执教者对每一项调整都进行了原因说明，这样就使教学改进研而有据，也减少了不经大脑思考的盲从，使反思更具说服力。在随后的第二轮、第三轮教学后，教师都做了这样的反思，随着改进的地方越来越少，这课堂也渐渐趋于完美。更重要的是，执教者事后拿出的这几份连续跟进的反思表，它们既反映出一堂课由粗糙走向精致的变化轨迹，也折射出执教者前进的脚印，如果把这些过程性资料进行整体分析，一个不错的教学课例也就诞生了。

基于课程标准的教学，是学科教学永恒的主题，在此背景下的教研组研修，无论是组织策划，还是具体开展实施，首先要对课程标准有一个整体深入的解读，同时需要开发并运用相关的工具，搭建起层级式的"脚手架"，将比较抽象而检测性相对弱的课程标准内容转化为可操作、可评价的载体，进而落实于课堂。期间，工具研发同开展研修是互为一体、交错推进的，最终产生多重效应。

延伸思考 >>>

(1) 基于课程标准教学同基于经验、基于教材教学之间的关系如何处理？

(2) 怎样在研修中保持教师反思的连续性并不断走向深化？

第五章

引领伙伴沐浴信息滋养的
专业资源开发

笔者曾听到过一位教师这样的感言:"现在无论是聆听专家的讲座,还是现场观摩一堂颇为精彩的公开课,时常有一种感觉,就是听听激动,看看生动,回去不知如何动。"此话虽然有些极端,但的确也反映出当下教师接受专业引领过程中的某些困惑。前面章节中提到,教师的教学新知建构与经验更新是对外来信息主动加工内化的过程,教研组长策划组织开展研修活动的主要目的,就是尽可能创设各种环境、提供各种专业资源,来促进这一目的的实现。其中,利用并开发好专业资源是重要的一环,也是教研组长需要学习并掌握的重要专业技能之一。本章将就此展开初步探讨。

研修中的专业资源概述

所谓专业资源,实际上就是指专门从事某种工作或职业所需要的资料和信息来源。在当前信息资源不断丰富和爆炸的时代,教育教学领域的资源信息浩如烟海,新的理念、新的方法和技术、新的传播媒介如雨后春笋,层出不穷。

一、研修中的专业资源

在如此丰富的资源背景下，现实学校教研组研修的活动中所产生的效益却相当有限，研修活动普遍比较封闭，无论是观课评课，还是互动研讨，还大都停留在同伴之间的沟通交流上。尽管此类沟通能够相互启发，改进行为，但是往往缺少纵向上的专业提升，久之，教师便会对此缺乏兴趣，严重制约教师的专业成长，正如顾泠沅教授指出的："胡萝卜烧胡萝卜，是烧不出肉味来的。"

本书第二章在探讨教师研修本源时指出，教研组研修活动可以视为营造一种教学知识的"建构区"。在这个"建构区"内，随着活动的开展，多种专业资源（包括来自同伴的）得到汇聚并相互作用。教师通过探究、审辨和反思，将外来资源同自身经验建立起本质联系，并展开行动和内化（同化与顺应），促进资源由渗入到自我融合，跨越这些专业资源与已有经验的"最近发展区"，实现新知识的建构，而这种新知建构一般需经历四个基本环节。其中，专业资源参与并渗入是一个必不可少的因素。对于教师个体来讲，如果说同伴之间的交流互动更多的是用已有的经验去"同化"，进而丰富自己的感性认识，那么专业上的纵向引领则是一种"顺应"，实现对自身经验的冲击和结构性调整，若缺少这一因素，那么真正意义上的教学新知建构是难以实现的。

二、专业资源利用过程中存在的问题

纵观现实中大多数学校教研组研修活动过程中的专业资源利用与开发状况，存在的主要问题是有以下几点。

1. 形式简单，利用渠道比较单一

目前较为普遍的资源利用形式主要有专题讲座、现场指导、合作研究等，其中尤以专题讲座和现场指导居多。即使少数教师承担项目，参与一些合作研究的教研组，更多也是根据专业人员的安排完成某些实验任务，提供具体的实践数据、案例或经验，替人打工的特点明显，教师的获益不多，有时甚至成为一种额外的负担，造成研究与实际教学两张皮。另一方面，受制于专业人员数量有限，一般教研组在相当长的时间内难以经常性地获得诸如专业人员的专题讲座机会，只有少数人能够经常得到教研员等的现场指导，一些教研组长抱怨这样的专业指导往往是应急性的（如有开课任务等），普惠性和延续性不尽如人意。

2. 针对性弱，缺少适时适度的介入

对于教师而言，专业资源的优劣不在于其名气大小，而在于对路。专业资源的利用有时并不是组长个人能够决定和安排的，牵涉到很多因素，比如，受邀对象的专业背景同本组实际需求是否匹配、时间安排是否合理等，因而在实际操作中很难做到资源介入的适时适度，即在老师们需要的时候，专业资源以某种恰当的方式参与到研修活动中、专业资源利用具有针对性，利用的时机恰当、内容形式适度。对此，虽无法完全掌控，但也并非无能为力、无所作为，教研组长还是有很大的思考、谋划和安排空间的。

3. 简单拿来，对资源的深度开发不足

检视学校（包括教研组）专业资源利用状况，可以发现，大量的资源利用只是简单的拿来主义，就是每当考虑需要外来资源介入时，习惯于想到的是相关专业机构（高校、研究所、教研室等）有哪些专业人员可以请过来指导帮忙，至于如何指导、指导的目的是什么、以何种方式和内容提供指导、被指导者需要做哪些前期准备、双方需要做哪些事前沟通等则较少考虑，片面地认为只要专业人员能够过来，问题就解决了。即使是读书学习这种专业引领方式，也只停留在指定并提供书目，在规定时间内要求教师研读并完成一篇读书心得的撰写。这些对专业资源不进行前期加工的简单拿来，既削弱了资源利用的针对性，也是某种程度上对专业资源和教师时间、精力的浪费。

4. 过度依赖，依靠外在的输入

很多教师以为，专业资源的利用就是外请专家，是一种外来的输入行为。一些学校在引入专业资源的过程中，眼光盲目向外，急功近利，缺少专业自信，也不注意对内部资源的挖掘和培育，一旦专家没空或抽不出时间和精力参与，则活动停顿，翘首等待。教师尚未意识到专家的参与除了解决眼前的棘手问题之外，还是为了培育学校和教研组的骨干，请过来的最终目的是为了今后在一般性的问题解决和教学研修中少请或不请专家，以提升自身的造血功能，努力孵化出自己组内的专业引领者。

综上所述，我们感到，当前专业资源利用和开发的效果不尽如人意，主要集中体现在缺乏长远和精致化的思考，利用过程粗放简单，对资源的开发不够，往往仅作用于浅表，未考虑教师的心理效应，造成教师对某些资源的认同感降低。

这些现象产生的原因是多方面的。客观上，面对广大教师的实际需求，专业资源无论是在数量上还是质量上还不能满足教师的需要；主观上，学校教师尤其是领导对专业资源认识的片面性也促使了上述情况的发生。

在这一背景下，作为基层学术组织和一线研修单位的教研组的组长，有必要进一步认识专业资源开发利用的必要性和紧迫性，将其作为有效开展研修活动的重要一环，积极探索有效利用和开发的途径与方法，务求做到资源利用效益的最大化。

由单一选择变为整体梳理

我们通常讲的专业资源利用与开发实际上也就是专业引领。这种引领能够使教师在学习研修的过程中,认识与思维在纵向上得以提升、横向上得以拓宽。

当前,在研修过程中,教研组对于专业资源的利用开发之所以存在各种不如意,其中一个原因是,许多教师认为专业引领就是专家引领,似乎只有各类专家到场指导,教师才能够真正获益。实际上,这是一种误解,有必要改变这种认识上的误区,对专业资源做全面整体的分析。

一、人力资源与文献、工具资源

根据现有条件分析,教师在研修进程中可利用的专业资源大致可分为两类。

一类是教育教学的专家与骨干教师,这是属具有引领作用的人力资源。其中,专家是指相关高校和专业研究机构的研究人员,他们一般从事某个领域、某个方面的研究,有较深的学术造诣并取得了一定成果;骨干教师是指奋战在教学一线,具有丰富的教学经验和一定知名度的教师,包括省市级、区县级和校级的骨干。两类人员中,前者以宏观性的理论研究见长;后者以实践经验与具体操作见长,当然也不排除近年来出现的两者兼顾的所谓专家型教师。

另一类专业资源是散见于各类媒体的教育教学文献资料,即带有启发借鉴作用的文献资源，比如学术著作、有关教育教学的各类学术期刊等。此外还有保证这两类资源能顺利传递共享、提升教师研修效果的工具性技术资源，如现代信息技术、学科专题网站、QQ 群、微信群以及各类视频音像作品等。如今，随着互联网＋以及大数据时代的到来，工具技术类资源的利用和开发逐渐成为关注重点，线上线下整合的教师研修社群建设也为教研组的研修带来了新的理念和方法技术上的突破。

二、现成资源与潜在资源

在上述各类资源中，每一种资源又可以分为现成资源和潜在资源。所谓现成资源，就是拿来即可用，但是许多资源表面上看似乎不直接指向需要解决的问题，稍加分析，也许可以发现其中隐含着的潜在价值。比如，某中学化学教研组在具体研究"如何考察与评价学生在化学问题解决中表现出的思维水平层次"这一专题时，教研组长上网查阅了大量资料，发现有一种 SOLO（Structure of the Observed Learning Outcome，即可观察的学习结果的结构）评价理论具有很强的借鉴指导作用，但是文献资料中除了对这种评价理论的一般介绍论述，及其在高考、历史等学科中的运用之外，查不到直接在化学学科中的运用研究和操作经验。但这位教研组长并未放弃，而是在充分搜集学习现有的关于 SOLO 评价理论和经验资料的基础上，尝试提炼出几条关键与核心的评价思想与操作步骤，再结合化学学科的思维方式进行整理，提出了本学科学生思维水平评价方向和思路，并形成文本资料提供给组内教师，作为大家的学习参考。老师们由此深受启发，触类旁通，思路大开，探索并形成了评价工具和手段，突破了评价难点。由此可见，资源潜在价值的开发利用有时是一种思想方法的学习和迁移借鉴，问题的关键是我们能否洞察，是否能转化加工，一旦如愿，这些表面看似关联性不大的资源就能够发挥出出乎意料的作用。

综合上述内容，专业资源的类型可以用表 5-1 说明：

表 5-1　研修活动专业资源二维分类

类型	现成的	潜在的
人力	高校及研究机构专家、相关学科教研员、校内外的学科骨干教师等。	依据实际需要和专长，经选择沟通之后确定人员，必要时需提供被引领教师的实际信息。
文献	专业理论书籍、相关学科专业刊物、网络信息等。	经筛选加工之后具有针对性、启发性和操作性的文献，有时需要提供思考提纲和解读要求，策划相关研读活动。
工具	网络技术，如学科网站、微信群等各类视频设备及互动表达工具。	根据研修的需要选择相关功能板块、实用软件等。

由此可见，研修进程中的专业引领不仅限于"专家引领"或"专家指导"，它应该是包含诸多资源载体或形态的综合引领。教研组长在具体策划和开展研修活动时，要以整体的视野对可用的专业资源进行甄别梳理，有所选择，有所挖掘，适时组合嵌入，尽可能地实现这些资源的潜在价值，做到物尽其用。

由简单利用变为多元挖掘

前面我们提到，专业资源的开发利用并非简单的"拿来"，而是在谋划与调整过程中的挖掘，其目的就是对现有的专业资源进行系统分析，敏锐发现其潜在功能和价值，并运用于研修活动中，让教师沐浴信息的滋养，在与资源的深度互动中获得提升和发展。我们认为，可以从以下几方面来开展探索。

一、前期诊断，使专业引领具有针对性

一般情况下，教师会在相关问题上不同程度地存在一些模糊认识，而此处可能正是问题的症结所在。活动的策划与实施者首先要开展必要的现状调查和分析，梳理并突显教师的知识盲区和误区，为专业资源找准切入点。

比如，某校数学教研组围绕学科三维目标的落实展开教学研究，教研组长打算通过课堂实践和理论学习来提高教师的操作及认识水平。为了有的放矢，教研组长决定先通过简单问卷和交谈了解实际情况。

下面是教研组长预先草拟的小问卷。

（1）简单小问卷：

执教年级＿＿＿＿＿＿＿＿＿　　教龄＿＿＿＿＿＿＿＿＿

①三维目标是指＿＿＿＿＿＿＿＿＿＿＿＿＿＿＿＿＿＿＿＿＿

②有人认为学科教学中的"情感态度与价值观"目标是虚的，没有"知识与技能""过程与方法"来得实在，你认为呢？

　　同意　　　难说　　　不同意

③在三维目标中，不少教师感觉"情感态度与价值观"目标难落实而且不可测，你认为呢？

　　同意　　　难说　　　不同意

教研组长根据现实观察和思考，选择了一般教师在三维目标落实方面比较常见的问题，意在了解教师对落实三维目标的真实感受。

（2）交谈要点：
①每节课备课中是否都写上相关的三维目标？
②你用什么办法比较好地落实三维目标？
③对于这个问题，你有哪些困惑？需要哪些具体帮助？

所谓交谈，实际上是配合问卷更加具体深入地了解教师对该专题的实际理解、实践状况和需求，进而为落实专业资源的引领提供依据，让现有资源经过加工同教师的实际状况无缝对接。

一般来说，实施诊断主要在于获取三方面的信息：

- 同伴对这个研究专题的认识程度怎样？
- 他们在这方面已有哪些经验和做法？
- 在这个专题上，同伴存在的主要问题有哪些？可能的原因是什么？

注意，小问卷的设计不宜烦琐，要简洁明了，有两三个问题即可；教师访谈尽可能在日常的随意性交流中完成。如果组内教师人数较多，则采取以问卷形式为主；若教师人数本来就不多，宜采用交流沟通的方式。这需要教研组长视具体情况灵活处理。

此外，组长带着欲研究的专题深入课堂跟踪听课，查看学生作业，听取学生感受等，也是对教师实际需求和问题进行诊断的有效途径。只有从多种渠道了解情况，才能做出准确判断，形成选择和加工资源的具体思路和做法。

二、过程介入，使专业引领具有延续性和一致性

目前，由于多种主客观原因，对大多数教研组而言，研修中的专业引领往往是间断式甚至是点缀式的，前后的延续性与一致性比较差。教师的教学经验完善有赖于在行动中进行连续的反思和比较，这种源自内心的自我对照也是对外来专业引领信息的判断、选择和内化过程。如果这些有价值的信息前后缺乏一致性，不能保持延续性，就会影响教师教学思维水平的提升和新知的建构。

鉴于此，在条件允许的情况下，教研组研修活动中的专业引领应做到连续性和前后一致。这里的连续性并非指让专业资源一刻不离地左右陪伴，而是指研修过程中关键环节上的专业介入；一致性是指前后介入的内容需一致，并呈现递进的态势。

比如，某校数学教研组研究如何在新授课中引入题组模块展开教学，在教师研修的关键阶段三次邀请教研员参与。第一次是邀请专家举办专题讲座，介绍题组模块的基本概念、缘起、学理作用和具体应用方法等，旨在澄清教师的认识，消除教师的认知盲区和误区；第二次是在题组模块教学设计竞赛之后组织组内教师开展点评，邀请评委专家对设计答卷中的典型问题进行剖析，使教师进一步理解题组模块教学法的意义和操作；第三次是在活动结束阶段，专家参与咨询研讨，意在让教师在充分实践体验的基础上，在同专家的互动中，进行过程性的反思与提升，拓展并固化核心做法，实现教学新知的初步建构。这种关键环节上的资源介入能够发挥出最大的功效。

考虑到大多数教师的能力与水平，开展有效的专业引领要避免专业资源的多头介入，在连续性与一致性上做好文章。

三、开拓渠道，实现专业引领的开放性

如前文所述，专业引领并不局限于外来专家的引领，在我们周围存在着很多潜在或隐性的专业资源。

1. 开发身边的专业资源

（1）关注本校、本组的资源，发挥现有骨干教师的作用，让身边的榜样来引领同伴。 比如，某校语文教研组在探讨"传统板书的现代价值及其运用"专题时，在校外专家参与的同时，先后两次邀请组内对板书颇有研究的唐老师做示范。第一次观摩唐老师板书的书写过程并进行交流；第二次由唐老师结合《阿Q正传》教学的板书，做"板书：思维的规范、示范与生成"专题讲座。这样，校内外专业资源的互补、整合开发取得了比较好的引领效果。

此外，可以针对组内不同教师的特点，安排不同的引领任务，如专题研讨活动的主持者或中心发言者、研究课的执教者与主评者、专题研修活动的总结分析者等。因为提升自身的重要策略就是指导别人，因此，活动的策划组织者要在关注外来资源的同时，开发并用好本校、本组的资源，发现教师身上的亮点，及时做好放大和转换，以发挥其引领作用。

（2）培育组内教学骨干，使其在承担任务中发挥引领作用。 比如，某校物理教研组内有两位教师被推荐参加区内关于学科检测评价技术运用的项目研究。教研组长对这两位教师提出了要求，即在完成相关单元检测工具编制任务的同时，能够根据本组的实际，结合自己的案例，运用相关技术，在教研组内举办微型讲座，指导组内其他教师进行检测工具的研发。这种即知即传的做法既是对骨干教师的培养，也是对组内专业资源的开发，尤其是目前各学校都有不少教学骨干参加不同级别的项目研究，发挥好这些"种子"教

师在教研组内的专业孵化效应是很重要的。

（3）**充分利用团队互动中的知识共享，展开深度会谈**。教研组长可以运用互动策略与技能，让教师在"浸润"中得到同伴的横向支援，获得隐性的专业引领。

2. 用好专业文献资源

在开拓专业资源利用的渠道中，有一个问题不可回避，即如何用好专业文献资源。

（1）**专业文献资源的特点和作用**。目前，虽然不少教研组在学期研修计划中安排了读书活动，引导教师学习有关的理论，然而，实际实施中却遇到了不少困难，效果并不理想。人们普遍感到教育教学理论抽象，不能直接拿来操作，只是在写论文、写研究报告时用来作为点缀，甚至简单地贴标签。造成此种情况的原因主要是，成熟的教育教学理论具有规范性、逻辑性和专业性特征（余清臣，2013），是剥离了具体教育教学情境、运用比较高度概括的方法来揭示教育教学现象的内部规律，提出具有普适性的做法或原则，因而逻辑严密、表述规范、语言抽象便是其主要特点，这在相当程度上给一线教师造成了一种疏离感。

实际上，教育教学理论是有不同类型和层次的。一般最高层次的是哲学层面的理论，它们比较宏观，概括程度高，是对教育本质和规律的诠释，如教育学原理等；现实中大量的是处在中观或微观层面的操作性理论，这种理论既有一定的原理规律的阐述，又有较强的实践操作性，而且这些操作往往是系统化、结构化的，它们通常基于某一专题或领域展开论述并指导实践，如研究成果专著、专业学位论文，还有大量的专题经验介绍和案例分析等，这些文献是老师们所熟悉并乐于接受的。当然，倡导教师学习运用理论并非让教师个个成为满嘴学术化语言的专家，而在于使其提升思考境界，拓展专业视野，更好地开展教学。

教育教学理论是指导实践的重要资源，它对教师的实践有如下作用：

①理论对实践的"拓展"，能帮助教师在实践中触类旁通。受制于个人的经历和实践，教师的教学关注点往往较为狭窄，有时对自己的做法只知其一，不知其二，甚至会钻牛角尖。这时，相关的理论能为教师提供一个比较广阔的视野，帮助教师在更高的层面了解更多的做法，打开思路，丰富知识。

②理论对实践的"指导"有时能够产生立竿见影的效果。教师的实践效果不佳或受阻，多半是由于不知如何处理教学事件，面对结构程度差、开放性的课堂教学问题独自探索，往往会陷入山穷水尽的窘境。此时，可以上网搜索相关资料，也许就会眼前一亮，受到启发并找到具体操作思路乃至方法。

③理论对教育自信的"强化"能支撑教师继续走下去。对教育的自信是教师专业发展的重要动力来源。教师掌握了一定的基本理论知识，就会增强自信。某种程度上讲，一定的理论储备与涵养能帮助教师在具体实践中持之以恒，不断坚持；反之则会心虚、动力不足，行动摇摆不定，缺乏专业上的自信。

鉴于此，我们首先要破除对教育教学理论的敬畏感，客观看待理论与具体实践的关系，走近理论，运用理论，进而理解内化理论。

（2）学会甄选专业文献资源。教研组内结合实际需求组织教师学习理论，归根结底就是要培养教师对理论文献的选择和过滤能力，学会甄别和迁移。可以采取以下方式：

①精选研读内容。组长必须先走一步，根据研修的需要，选择适合教师学习的内容率先研读。如果教师缺乏具体操作方法和思路，可以提供给他们一些有针对性的操作经验和典型案例，意在引导教师与他们自己的经验世界对接和互动，获取具体的经验和做法；可以选择一些相关的集操作性和原理性于一体的文献资料，让教师不仅知道该怎么做，更知道为何这样做，启发教师灵活迁移的意识；如果教师面对一些教学新事物感到茫然或不以为然，

可以提供一些关于前沿动态信息的综述评析类文献，帮助教师理解新事物的产生背景以及来龙去脉，比如，当下教育界的几个热词：学生核心素养培养、慕课、翻转课堂等。

②策划并组织精致化的研读活动。教师学习理论的关键是将比较抽象的话语做情境化处理，这就需要对具体的研读活动做必要的策划与组织。一种可行的做法是，把研读活动分解，镶嵌在具体的实践探索过程中，在整个研修活动的关键阶段插入。在具体方式上，可以将文献中的内容分为若干小专题，以任务的形式招标，组织团队解读；也可以让教师结合自己的实际，采用隐喻、类比等手法对文献中阐述的观点予以举证；还可以让教师结合案例剖析，担任重要章节导读的主讲等。

③鼓励教师创新，形成自己的"理论"。在学习过程中，组长要鼓励教师不断提升理解水平，从对理论囫囵吞枣的记忆开始，向迁移运用和批判性理解努力，随着研读的不断深入，在实际运用检验的基础上鼓励教师大胆尝试给文献中的观点"找茬"，同时努力把自己的经验条理化、概括化，成为原有理论的"过滤器"，逐渐形成自己的"说法"或"观点"。

专业引领的开放性，其渠道是多种多样的，教研组长应系统思考，精心策划，落实细节，让教师在与教学环境及文献理论的互动中实现有效的自我完善。

四、系统设计，让专业引领具有集成性

校本研修中各类专业资源的特点与功能有差异，我们需要依据研修的目的进行系统设计和集成，相互补充，让教师整体性地感知信息，启迪其思维，指导其实践。鉴于这一要求，活动的组织策划者要养成结构性思考习惯，对研修活动中的各类专业引领的运用进行整体的安排与谋划，使研修成为完善认知结构的精细化学习过程。

某中学历史教研组根据"SOLO 评价理论在中学历史教学中的运用"这一研究专题,对专业引领资源进行了系统分析,基本情况如表 5-2 所示:

表 5-2 专业引领资源系统分析示例

类别	可利用对象	何时利用及其形式
人力	教研员、组内骨干教师	①邀请教研员举办 1—2 次专题讲座,分别安排在学期第三周和第八周,事前具体协商确立题目和互动形式,同时参与部分研究课的研讨。 ②骨干教师上 5 节研究课,分别安排在学期第五周至第七周。
文献	①教育部《历史课程标准》2011 版。 ②《评价学生历史思维能力的新视角及其对历史教学的启示——刍议 SOLO 评价理论》,康铮,《历史教学(中学版)》,2008(2)。 ③《SOLO 评价法与高考历史试题的应答策略》,孙丽华,东北师范大学,2012。	由组长精选章节,前期提供给教师作为重点研读内容,提出具体思考题,适时开展一次文献解读交流活动。
工具	学校网络、教研组微信群、录音笔、摄像设备、移动白板、纸、彩色水笔等。	网络上"专题论坛""火花集"等相关板块的跟进利用,微信群中的随时沟通;研究课录像,作为研讨素材;活动的重点部分全程录音,以便于事后分析;纸、白板和水笔作为讨论时的辅助交流工具。

由此可见,所谓资源集成,即是对各类资源特点及影响做比较分析,建立资源之间的内在联系,避免各自为政,在一项专题教研的过程中,依据需要嵌入各类资源,使之与活动的进程融为一体,进而整体地影响教师。

由单向输入变为多元互动

校本研修中专业引领的主要方式有专题报告、理论学习辅导讲座、教学指导（共同备课、观课评课）和个别咨询等。然而，教师参与校本研修的实质是一个教学理念转换为教学行为的新知建构过程，一般要经历接受认同、理解转换、外化调整和运用固化四个阶段。促成这个转换的重要支撑之一便是专业引领的有效渗入。教师通过反思，将外来信息同原有的经验建立起实质联系，再经过复杂的同化与顺应双重作用，使原有的经验得到完善或重组，进而建构起新的教学知识图式。

仅以最常见的教研员深入课堂展开临床指导为例，根据顾泠沅教授关于"教师发展指导者工作"的研究显示，一般教研员指导方式主要有四种，一是一般化的通识讲解，就是未结合课堂教学实践，仅就教学的一般概念、范式进行讲评；二是估计问题后再讲评，就是教研员凭着自身经验对出现的问题做出估计，然后就教学的理念和操作进行讲评；三是教师提出问题后进行有针对性的讲评；四是双方探究性的平等讨论，即教研员与教师就教学中的问题展开平等的对话探究。

这些指导方式尽管形式各异，但本质上体现出专业引领者与教师之间的互动关系。不同的教师可能适合不同的互动方式，但是，作为被指导者，教师最希望的，是在相对开放的气氛中接受有针对性和启发性的指导，比如上面的第三种、第四种指导方式。

我们提请教研组长注意，无论采取何种引领方式，无论通过何种载体进行引领，对教师来说，行为转换进程中的专业支撑，不仅是居高临下的单向输入，更是落脚于多方教学认知的交汇区域（如某些由于共同的关注与兴趣而引发的话题等），并在这一区域发生实质性的互动与共振。在这些互动与共振中，组长要让这些引领行为精准地作用于教师面临问题的症结处、专业支撑的需求处和经验生成的最近发展处。在此基本思想指导下，组长应注重三条互动途径的探索和运用。

一、在方法策略改进中展开互动

面对教学中的困惑，由于知识经验的局限，教师需要有经验的专业人员和针对性强、可操作的文献资料提供方法和策略。教师一般采取"拿来主义"，将这些现成的资源经理解后付诸实践，进而比较快地解决问题和困惑。

因此，作为方法策略的提供方，教研组长要了解和把握接受者的当下需求，在操作的困惑点上提供可对接的信息，让教师能感受到这些信息源于自己的经验而又高于自己的经验，既在意料之外，又在情理之中；而作为教师，不能就事论事，机械模仿，而是要将这些新的方法策略积极地与自己的原有经验对照，寻找最佳结合点，并在实践运用中思考：这些方法策略好在哪儿？为什么？可以做哪些改进？这种基于实际操作过程的互动可以丰富教师教学的手段与方法，帮助教师迅速解决问题。这种互动旨在借鉴运用，以改进教学。

二、在问题揭示与思路孕育中展开互动

古希腊哲学家苏格拉底的产婆术启示我们，有价值的专业引领是双方在互动中的反馈和启发。引领者根据被引领者对问题做出的反映，及时用恰当的提问加以引导，通过恰如其分的点拨，在被引领者面前渐渐揭示问题的症结，自然显现出解决的思路，直至豁然开朗。

比如，在集体观摩了一堂研究课之后，参与研讨的教研员就执教者颇为满意的新知引入环节进行了一系列的追问："你为什么想到要这样处理？依据是什么？""这种方式的效果从哪些地方可以体现出来？""你用的这种方式还存在哪些不足？""这种方法今后可以怎样改进迁移？"……这样的提问和讨论使执教者和参与者不断地把问题往深处想。

实际上，问题的揭示和思路的孕育是一种智慧。就引领者而言，不断地展开针对性的提问，能够把握被引领者的思想，发现其问题的症结，无形之中可铺就一条思考问题的路径，深化并拓展其思路；就被引领者而言，如此引领，能不断激活反思，发现自己的不足，习得有效的思考方式。此类互动意在启发诱导和自悟，让教师追本溯源，感悟思维方式，提升反思能力。

三、在前沿信息共享中展开互动

受到各种客观条件的限制，不少教师教学中的困难，有时是不了解本学科当前课程改革和运行的动态与前沿信息，存有知识空白和误区所致。

专业引领介入并非就事论事的寻求对策，而是从实际问题出发，围绕问题提供的相关背景信息展开讨论，让教师看到当下本学科课程改革的基本状况，包括各种不同的流派及其观点的比较，并帮助教师预测今后的走向和发展趋势。作为教师，要在对这些信息进行分析解读的过程中，积极地同自己原有的经验建立连接，进而产生灵感，指导自己的实践。

显然，前沿信息的共享为大家提供了思考问题的背景，可以帮助教师居高临下，在看清"森林"的情况下聚焦于"树木"，逐渐提高教师对专业信息的敏感度，整体和动态地思考教学问题，自主解决问题。

由具体方法和策略的提供到前沿信息的共享，是视教师具体需要对专业引领方式与内容的选择和调控过程。找准并扎根于公共区域、激活并展开共振与互动、及时注入专业信息，是专业引领取得实效的关键。教师面临的问题不同，原有知识经验基础、接受能力与习惯存在差异，选择的互动内容与方式也不一样，这就要求我们审时度势，做出准确判断，在任务驱动下，确定合适的时机，让宝贵的专业资源以教师乐于接受的方式入脑、入行，进而取得互惠共生的效果。

教研组研修中专业资源利用和开发的形式和内容虽然可以是多种多样的，但是整体上还是要基于本组实际，以研修专题内容为导向，全面把握，系统谋划，挖掘潜在，组合孵化，适时介入，以充分发挥有限资源的作用和价值。

另一方面，当前的校本研修已从行为改变模式向促进新知建构模式发展，这些离不开启发性的专业信息滋养。我们在策划与实施教研组研修的过程中，必须花更多的精力致力于专业引领资源的开发，思考和践行把最有用的知识或信息，以最准确的方式，在最恰当的时机，提供给最需要的教师，在梳理、挖掘与互动中促使教师的思维迈上新台阶。

延伸思考 >>>

（1）如何关注并开发研修中的潜在专业资源？
（2）在研修过程中，怎样增强教师与专业资源之间的互动？

第六章

聚焦于内涵的教研组发展规划与文化创建

前面几章，我们主要探讨了学校教研组建设中的几个关键性实施要素，旨在为教研组长有效的岗位履职提供思考方向和操作思路。前面提到，作为教研组的"首席"，教研组长不仅要做好角色的转换，组织开展好研修活动，引领好教师的专业成长，进而发挥好课程与教学中的领导作用，还需要在此基础上从比较高的层面整体思索这个"学术组织"的长远发展，也就是教研组的文化创建，实现由教研组的常规建设向文化特色孕育的迈进。

教研组"文化内涵"辨析

无论是尚处在初级阶段，还是发展到高级阶段，任何一个组织的发展，其本质还是组织的文化内涵由简单走向丰富的过程。按照这一发展轨迹，教研组的建设和发展主要是通过基础性制度的制定与完善、教学研修活动的设计和开展以及团队文化的孕育与创建等几方面途径实现的。其中，以文化的孕育为团队建设的最高境界。我们可以理解为，教研组建设中的文化孕育主要的指向应该是教研组的文化内涵。

一、何谓教研组的"文化内涵"

首先,要明晰什么是教研组的"文化内涵"。根据《现代汉语词典》,"内涵"主要是指一个概念所反映的事物的本质属性的总和;"文化"则是指人类在社会历史发展过程中所创造的物质财富和精神财富的总和,特指精神财富。

结合这两个概念,我们尝试性地将教研组的"文化内涵"理解为伴随着教研组在其自身建设和发展的进程中创造出来的精神财富的本质属性和内容。因此,某种程度上讲,教研组的文化建设也是一种文化内涵的建设。需要指出的是,教研组的文化内涵是一个中性词语,具有多样性,它可以是消极落后的精神产品,也可以是积极向上的精神财富。如今,耳熟能详的学习型组织建设、教师实践共同体等概念的提出,就是一种积极健康的文化内涵的体现。

现实当中,在一般老师的眼里,团队文化建设似乎总有那么一点"虚"。这个"虚"的突出表现就是感觉得到,但是摸不着。所谓感觉得到,是指这个团队在各项活动开展中,团队成员的自然表现与散发出来的思维方式、思考境界和价值追求有与众不同之处,它们多半是人的一种感受,有时难以言表;所谓摸不着,就是这种文化如何操作、载体是什么,似乎一下子不太容易把握,有时甚至被误解为文化只是行动之后的标签和艺术加工的产物,是虚无缥缈、时尚性的标志,既高大上,又难以企及。

有时,一些优秀或示范教研组的"首席",虽然在自己的组织引领下,经过长期的共同努力,无论是基础性的规范工作,还是富有创意特色的实践经验,以及对周边学校的影响程度,都达到了较高水准,却也讲不清楚本组的文化建设究竟是什么。这既说明文化创建的复杂性和长期性,也反映了不少教研组长很少能够有意识地从这样的高度去思考和展开工作。在一些人看来,教研组长只是实际的操作者,文化建设则是专家学者们去考虑的。

二、教研组"文化内涵"的具体体现

事实上,聚焦于教研组文化内涵发展的团队建设绝不是简单的贴标签,更不应该是时髦的包装,检视现有文献可以发现,教研组的文化内涵至少可以从四个方面来理解:

(1) **教研组文化是组内成员自觉遵守的精神与价值观念**。精神和价值观念是一种由内而外散发出来的东西,它并不神秘和虚无,它反映出教研组成员的共同精神和价值追求。比如,某教研组提出的"研教学中的真问题,激组员的原创力,建设学术性教师团队"的口号,便是该教研组成员遵循的精神与价值观念的具体表现。

(2) **教研组文化是组内成员共同的行为规范**。对于教研组内的各种研修活动,如观课磨课、文献理论研读、专业引领下的专题研讨以及基于教学问题解决的问题探究等,都有约定俗成的行为规范来使整个活动有序高效地运行。比如,目前许多教研组制定的备课上课和评价制度,相关的研修活动制度和资料积累制度等基本的规范制度;还有如一些教研组在日常的观课评课活动中,要求每一位教师做到"发现一个亮点""指出一个缺点""追溯一个原因""再构一个环节""迁移一种思路"的讨论研讨制度等具有一定特点的行为规范,都是这种规范的具体表现。一般来讲,教研组内的制度健全和落实直接体现出这种共同行为规范的成熟程度。

(3) **教研组文化是组内成员的专业生活方式**。专业生活方式就是指教研组成员在平时的各种教学研究和行动学习中是如何思考与行动的。比如,上面提到的"研教学中的真问题,激组员的原创力,建设学术性教师团队"的口号并不是心血来潮的一张标签,而是教研组长期以来在各项研修活动中表现出的特质，在经过初步梳理提炼和放大后，形成教研组建设的目标，并且渗透于各项活动的过程和细节中。教师们在对教学现象的观察分析、面临挑战性任务的态度与行为方式方面都显现出独特的习惯。所以，专业生活方式是内嵌于每一个成员内心并打上深深烙印的自动化思考和行为方式，往往无须外来的干预和影响。

（4）**教研组文化是学校文化的缩影和特殊演绎**。一个教研组是置身于它所在学校的文化环境中的，教研组的建设目标以及相应的教研活动是学校办学目标的具体化，因此，教研组的文化往往是在学校文化的浸润之中萌发产生的，多少带有学校的文化痕迹，是学校文化的"缩影"。但是，它又不是所在学校文化的简单具体化甚至翻版，教研组文化应该是在对学校文化理解的基础上，教研组长根据本组的实际与特点，经过必要的转换和演绎，在具体的实践操作进程中渐渐显露出来的。教研组文化同所在学校的文化之间存在着互动关系，学校文化是教研组文化产生的背景和土壤，而教研组文化则是学校文化在本组个性化建设中特殊演绎的结果。比如，某校经过长期努力，初步建立起"多彩学校，和谐校园"的校园文化氛围，该校综合理科（物理、化学、生物、科学、心理辅导）教研组在具体的教研组文化建设中紧紧抓住"和谐"一词，以不同学科之间团队知识共享为实践载体，形成了"智慧共享，互惠共生"的教研组文化，既体现出学校文化的意蕴，又彰显出该教研组的特色。

鉴于上述内容，我们可以进一步理解，教研组的文化创建不是简单的"实践+包装"，而是一种实践过程中的自觉意识和品质提升。缺乏坚实的实践基础，仅靠妙笔生花包装出来的精神产品只不过是经不起推敲的皇帝的新装。

总而言之，教研组文化是教研组活动及其结果长期以来自觉或不自觉的积淀，这种积淀形成了全组成员在相似精神与价值观念导向下稳定的专业活动方式，也从更深的层次制约着教研组的发展，某种程度上也构成了教研组发展的内在机制。所以，教研组文化不是一朝一夕能形成的，它需要长期的孕育和孵化，教研组长要在长期的潜心经营中发挥自己的关键作用。

教研组的制度及其落实

制度建设是教研组文化创建的基础，有了科学可行的制度支撑，组内文化的孕育才成为可能。因此，教研组制度的建设及其落实是本组文化形成过程中必须经历的重要阶段。

一、认识教研组制度

所谓教研组制度，是指在教研组内，为了使各项教学研究活动有序高效地运行，制定并形成的各类引导和规范性的研修制度文本。

那么，怎样理解这些研修制度呢？

从研修制度的产生和发展过程看，它是教研组开展规范性和创新性教学研究活动的必然产物。它有四个特点：

• 经验的固化性。研修制度是学校领导和教师开展有效研修活动所形成的各种方式方法等经验的固定化，是相关智慧的结晶，因此其内容相对稳定。

• 操作的规范性。教研制度提出的一系列操作要求实际上是对研修行为的科学规范,是使研修有效的标准。

• 行为的动力性。一项合理的研修制度一旦建立,就会对教师的研究行为产生驱动力,通过制度执行的监督反馈,不断激励教师,具有长期效应。

• 习惯的支持性。研修制度能够在长期规范研修活动的同时,帮助教师渐渐养成良好的研究与反思习惯,为形成良好的研修文化打好基础。

作为教研组内教师的"首席",教研组长在健全并落实研修制度中要正确理解这些特点,用它们来指导自己的行动,发挥制度的优势。

从现有的研修制度体系分析,教研组的研修制度一般可以分为两大类。

1. 基于夯实基础、建立规范的常规制度

无规矩不成方圆。教研制度首先是对研修行为的科学规范,研修本身是一项系统和复杂的探索与学习活动,其效果受制于各种内部与外部因素的影响。制度既然是长期以来开展有效研修经验的集成,也就是针对研修基础环节并对这些环节予以规范的。目前与此有关的制度大致有以下几种:教研组活动制度、集体备课制度、观课评课制度、教研组长岗位职责和备课组长工作职责、教研组建设评估方案等。

2. 立足于彰显教研组特色的创新性制度

随着校本研修的不断深入,教研组在保证教学常规落实的基础上,不断开展项目实践与探索,提升研修水准,创出研修特色。在这一背景下,教研组的研修制度也发生了变化,愈来愈体现出教研组的个性。比如,有些教研组基于自身的长期探索,制定了教师个人小项目研究与微课程开发的操作规范、教研组学科教学资源库的建设与共享制度等。

必须强调的是,教研组内的制度不是越多越好,否则会对教师的创新和

工作心态造成负面影响，需要把握好创新与规范、需求与引导间的平衡，以更加人性化的思想，让最少、最精练的制度发挥出最佳的功能。

二、让制度的"文本"切实落地

所谓"落地"，就是通过有效的途径，采取必要的手段，使各项研修制度转化为实实在在的研修效益，避免制度沦为墙上挂挂、嘴上说说、汇报中写写的文字符号。

首先，制度的制定须有可操作性，如有必要，可根据本组的实际需要制定出一些实施的操作细则。而实施细则的酝酿制定直至完善实际上也是对制度的再解读，对本教研组状况的深入分析和诊断过程。所形成的细则既不能与原制度相抵触，也不应是原制度的简单细化，要尽可能地运用一些行为动词和量化描述加以呈现，这是教研组长关联性、精细化思考水平的重要反映。这项工作做好了，实际上是对落实学校教研制度的重要支撑。

其次，教研制度的落实贵在平常，重在细节。可以通过在每学期的教研组计划中将制度内容和要求转化为具体任务或工作，分头落实；还可以制定一些考核标准，运用考核对制度的实施情况予以评估调控。

除了上述途径与方式，制度的落实还有赖于教研组长的行动智慧，承担起刚性制度文本同现实情境之间的"转换器"，具体可以从下面几方面探索和努力。

1. 组长要有尽职意识，带头执行制度

作为一组之长，在具体落实学校研修制度的实践中，组长应该尽职，带领教研组的教师严格遵守相关制度，完成各项教育教学的研究任务。但是，严格执行制度不是简单地向教师提要求，也不能一味地进行刚性管理，一方

面要做到刚柔并济，在执行制度的过程中体现出人性化，体察教师的合理与实际需求，在力所能及的范围予以满足；另一方面，组长本人要率先垂范，处处以身作则，以自己的实际行动和专业水准影响同伴。有的教研组长凡是遇到研究课任务，总是自己带头先上，首先把自己的课拿出来作为"靶子"；有的教研组长处处考虑为同伴创设机会，搭建舞台，让教师在完成挑战性的任务中体验到成功和归宿感，进而把教研制度化为自己的实际需要。所以，尽管可以采取各种方法和措施，但是归结起来，教研组长带领团队自觉遵守和落实教研制度，一靠组长的专业素养影响同伴，二靠组长的人格魅力凝聚同伴。

2. 成为良好的沟通者，在渐变中实现目标

一项研修制度，其主要功能是对全体成员的基本研修行为加以引导和规范，所以，研修制度总是带有刚性的成分。由于教师的发展存在巨大的差异，因此，在有关制度的贯彻落实中，会触及一些教师的固有习惯或私利，发生矛盾甚至冲突，尤其是在试图纠正教师的某些习惯，改变本组研修风气的过程中，情况可能更严重。那么，当这些情况发生时，教研组长该如何做呢？相关的内容在本书的第一章已做阐述。

3. 合理运用"潜规则"，为制度落实提供正能量

众所周知，研修制度可以以两种形态存在，一种是显性形态，用文本条例等翔实呈现；一类是隐性形态，即无法用语言、文字或符号等方式表达，往往隐含在教研组内部的伦理道德、价值观念和行为习惯中，这种"潜规则"左右着教研组的发展。"潜规则"是约定俗成的，既有消极作用，也有积极作用，是一把双刃剑。教研组长置身其中，如何巧妙用好"潜规则"，促进研修制度的落实，同样考验着组长的智慧。下面是某小学语文教研组长的手记片段：

教研组的活动"基金"

我们教研组一共有35位老师,大家长期和睦相处,教研组如同一个大家庭,事无巨细大家都抢着干。在这个温暖的家庭里,老师们兢兢业业,努力工作着。

可是,近来几次教研活动出现了迟到现象,活动的时间已到,人还未到齐,大伙只得等。问一下迟到的原因,不是在为学生补课,就是在忙着批改试卷,理由都很充分。听到准时参加活动的老师发出的怨言,我心里很不平静,不知谁说了一句"再迟到要罚款"。"对!罚款。"大伙纷纷表示赞同,在一片哄笑中,迟到的张老师居然笑嘻嘻地拿出10元塞给了我,我有点措手不及,哪能收下呢?正在左右为难时,一旁的李老师发话说:"还是收下吧,就当作今后教研组活动的基金吧。""对!好主意!"……大家对这个创意表示赞同,李老师也一个劲儿地点头。迟到的小王老师也拿出钱递了过来。我故意问了一下:"你们心甘情愿吗?""当然愿意,这样以后我们教研组就可以多搞些其他活动了。"大家你一言我一语,议论纷纷。渐渐地,一个教研组建立活动基金的"创意"形成了。

在以后的教研活动中再也没有出现迟到的情况。在我的建议下,所谓的"基金",也就成了活动实行AA制的代名词。教研组内同伴的关系更加融洽了。这件事给了我启发,教研制度的落实要刚柔并济,其中的"柔",有时是可以利用一下"潜规则"的……

利用"潜规则"是需要某些条件的,如果在上面的例子中,教研组未形成良好的和谐氛围,贸然利用"罚款"来改变局面,可能会事与愿违,把事情搞僵。所以,教研组长必须在平时多关注专业活动之外的事情,在不违反原则的基础上因势利导,巧妙利用某些符合人之常情、约定俗成的隐性规则开展活动,往往会产生事半功倍的效果。

教研组长在教研组研修制度的建设与完善中具有举足轻重的地位,发挥着核心作用，某种程度上讲是处在"夹心层"位置，可能会面对来自上下左右的矛盾，但只要我们敢于担当，勇于实践，努力探索，这个"夹心层"就能成为组长施展才能的舞台。

教研组的发展规划

教研组文化的创建是一个按照其基本路径长期积累的探索实践过程，无法在短期内实现，但也并不遥远，并非难以触及。对于一个教研组来讲，无论其基础如何，文化的创建首先需要有一个长期稳定的战略性构想，勾勒出若干年后本组的发展图景，这个图景激发的实施路径就是教研组的发展规划。一所学校有一所学校的发展规划（如五年发展规划或发展方案），为了使教研组这个学术性组织获得可持续的健康发展，组长引导教研组成员参与，共同谋划教研组的未来是极其重要的。因此，教研组长的专业素养和岗位需要之一是对教研组发展规划及其研制进行展开和讨论。

研制教研组的发展规划不应理解为是由教研组长等少数人凭着经验闭门造车或仅仅是文本写作。这里应搞清楚两个方面的问题，一是规划由哪些基本内容构成，二是规划研制的主要步骤与方法。下面我们通过一个实例来分别予以阐述。

教研组的发展规划是指具有战略性、前瞻性和导向性的教研组长远发展计划。所谓战略性，就是这个计划不是仅限于一时一地的战术性行动，而是立足于全局；所谓前瞻性，就是计划具有超前意识，能够对今后教研组发展的目标和状态有一个预判;所谓导向性,则是指这一计划对教研组今后较长时间内发展的走向和轨迹有较强的引导作用。所以,一个好的教研组发展规划也就构成了该组织发展的蓝图。

鉴于发展规划的上述特征与作用,一般情况下,它由六个部分组成。

一、现状分析

通俗地讲,现状分析就是对教研组"家底"的盘点。从管理学角度看,目前比较常用的是SWOT分析法(Strengths Weaknesses Opportunities Threats,即态势分析法),也就是把教研组置于一定的具体情境中,使目的与手段、过程与方法相互对应,进而系统分析教研组当前状态的技术方法。这是对教研组发展战略制定和战略实施的高位思考。

运用SWOT分析法,主要可以通过两维分析表展开。表6-1是一所学校数学教研组在制定三年发展规划前所做的现状分析:

表6-1 某数学教研组现状分析表

要素	优势	不足	机会	风险
环境	本组所在学校是一所办学质量较高的初级中学,经长时间的积淀,师资水平、教学管理、学业质量等始终在区内公办初中中居前列,社会声誉良好。	地处中心城区,对口生源逐年减少,开始招收外来务工子女,加上近几年优质民办初中数量增加,优质生源不如以前,给教学质量的进一步提升带来压力。	作为区集团化办学的牵头校,承担起办学经验的引领辐射责任,同时参与市重点项目的实验,为本组的发展创造了机会与空间。	随着实验任务的推进,有许多不确定的情况会发生,学业成绩与教学质量可能会波动。

续表

要素	优势	不足	机会	风险
成员	本组现有26位教师，近三分之二有高级职称，其中有区学科带头人1人，局学科带头人2人，局骨干教师4人，教师队伍专业水平较为齐整，教学经验较为丰富，10年以上教龄的占85%，多名教师在各类学科教学评比中获奖。	长期的教学经历，让相当部分的教师形成了思维定式，习惯应试教学，观念比较传统，视野不够开阔，接受新事物的意识不强。	教研组的教师比较团结，关系和谐，教师执行力较强。	教师教学任务繁重，事务性工作多，可能难以抽出更多的时间和精力。
活动	教研组常规研修活动基础扎实，形成了一套固定研修思路，曾被评为区优秀教研组。	较多地关注教学琐事，研修专题不够集中，系列化程度低，不少研修事务性成分高，深度不够。	集团化办学实验和参与市级重点项目研究为研究活动的改进创新提供了舞台。	部分教师可能不易接受对熟悉的传统研修活动思路的冲击，进而影响组内关系。
管理	各项制度健全，组长善于管理，注重细节。	随着课改形势的发展和需求，有些管理制度明显滞后，需要强化与创新，比如，如何鼓励教师反思和创新、如何关注教研组文化建设等。	教研组长参加了MBA项目学习，能够结合教研组实际，引入管理新理论。	若引入新的管理方式，教师可能不太适应，会出现水土不服，甚至抵触。
资源	可利用的专业资源比较丰富，是市课改实验基地，经常与教研员有沟通。	专业资源的利用比较简单，形式不够多样，深度挖掘欠缺。	由于实验项目的需要，对各类专业资源的需求会增加，能够拓展利用渠道和资源开发空间。	专业资源的利用需要组长进行需求分析与系统思考，要求比较高，有一定的挑战性。

对教研组实际情况的分析是一个深入的专业判断过程，同时也是兼顾教研组内各方利益和需求的分析过程，不可能由组长一人闭门造车，而是需要教研组内成员集思广益，共同商讨，在此基础上客观准确地提出主要问题并予以定位，为发展规划目标的制订寻找切入点和生长点。

二、发展目标

教研组发展规划的第二部分是本组的发展目标，该部分由三类目标组成，包括总目标、分项目标和阶段性目标。比如，在上面的例子中，该教研组在分析现状的基础上提出了如下总目标、分项目标和阶段性目标：

总目标

通过完善已有各项制度和管理，使本教研组教师的学科素养和教学素养在现有基础上得到不同程度的发展，学科教学与课程开发的质量得到新的提升，初步形成教研组的特色文化，成为区示范教研组。

分项目标

（1）教学领域：完善教学管理流程，进一步夯实基础，增强教师基于课程标准教学的意识和能力，渗透学科核心素养，使学生学业成绩稳中有升，保持在现有水平的基础上。

（2）课程开发：引导教师结合学科核心素养与课程标准，注重拓展，积累资源，形成2—3门学科拓展性校本课程，并纳入学校选修课程体系。

（3）教师发展：经过三年努力，组内教师在学科教学与课程开发领域取得新的成果，具体包括：现有的学科带头人形成教学特色，承担小项目研究，开发出拓展性课程；局骨干教师参与有关项目研究，形成一定学科专长；青年教师努力实践，能获得区及市级的教学奖。上述教师能够在三年内在市级及以上学术刊物上发表论文5—10篇。

（4）文化建设：以参与的市重点项目实验和学区化牵头校为载体，健全制度，凝聚团队，在实现上述三类分项目标的同时，三年内初步形成具有一定特色的教研组文化。

阶段性目标

（略）

发展目标是规划的指向，也是规划是否实现的参照。在上述的目标群中，三类目标各自具有自身的功能。总目标是规划整体的引领；分目标是总目标的细化分解；阶段性目标则是立足于过程性落实。三者之间相对独立，又互相关联，指明了教研组三年之后的愿景。值得注意的是，目标呈现必须具体可见，必须源于现状的分析，体现出发展重点。

三、具体措施

有了发展目标，与之匹配的便是具体措施。还以上述案例为例，该教研组在明确目标的基础上拟订了以下几条具体措施：

教学研究与课程开发

（1）在研制并完善校本教学指导手册的同时，聚焦于课堂教学，重点研究教学目标、教学评价与教学过程的一致性，每学年确立一个小专题展开系列化的探究。

（2）强化研修过程中的实证反思，拟研制观课评课量表，形成科学而实用的操作工具。

（3）强化专业资源的利用与开发，组织教师学习学科核心素养、校本课程开发、网络学习等方面的理论，做到学以致用。

（4）加强教学质量的全程监控，注重教学五环节中的细节落实。

教师发展

（1）组织教师参与市级重点项目的实验，发挥先期实验教师的示范引领作用，确立主讲者、主研者，开展互动式培训。

（2）强化备课组建设，将教学研究工作的重心进一步下移，提升备课组长的工作能力。

（3）围绕小专题的研究，开展相关专题培训，举办专题讲座，咨询答疑，探索开展基于内化的精致化理论文献研读活动。

（4）积极推荐青年教师参加各类教学大奖赛，组织相关的集体磨课，力争取得良好成绩。

（5）鼓励教师走出去，参加各类学习进修（包括学历进修）等活动。

集团化办学

（1）在自身探索研究的基础上，及时总结经验，探索集团内辐射与引领的具体路径与方式。

（2）组建校际教研组，寻找共同话题，定期开展基于课程标准教学的专题研修。

（3）共创学科拓展性课程，共享研究成果。

文化建设

（1）强化教研组建设中的文化意识，适时组织教师学习团队文化建设方面的文献，了解有关知识。

（2）关心教师的工作与生活，营造团结和谐的教研组氛围，每学期组织外出踏青、学术沙龙等活动。

（3）在充分实践的基础上，组织开展专家咨询活动，共同总结提炼出本组文化特色，能够通过简洁语言加以呈现。

（4）申报参与区第四届示范教研组的评审。

必须注意的是，在制订具体措施时，不必强调面面俱到，而是要抓住主要发展目标，结合实际并具有针对性，措施不在于多而全，而在于适当和具体。

四、实施评估

显然，这部分内容主要是作为未来发展规划实施情况的评估，具有一定的检测、引导作用。发展目标的确立需要有具体评估项目（指标）的衡量。根据评估理论，应确立相关的评估指标和标准。还是以上述案例为例，本着删繁就简、讲求实效和可操作的原则，该规划实施情况的预设性评估主要体现在以下几方面：

教学研究与课程开发

（1）形成较为完整的校本学科教学指导手册（含教学目标体系、教学评价体系和教学实施体系）。

（2）形成基于课程标准教学的系列课堂观察量表。

（3）有3—4门教学拓展性校本课程（含微课程）。

（4）学业整体水平进入区前三位。

教师发展

（1）在市级及以上学术刊物上发表论文、经验总结5—10篇。

（2）形成教研组研修教师反思工具。

（3）有2—3人获市级及以上教学奖项。

（4）涌现出区级新骨干教师3名左右，局学科带头人2名，区学科带头人1名。

（5）初步形成研修活动课程化的格局。

集团化办学

（1）形成跨校联动的研修机制，总结出初步的书面经验。

（2）形成3—4门集团共享的学生学习特色课程。

文化建设

总结出教研组文化建设的具体经验，确立文化特色。

在思考评估时，需要区分"效果"与"成果"，前者主要体现在学生和教师身上，后者则更多地是以实体性资料的形式来反映。一种可取的思路是，对照具体措施，以预设的成果形式为载体，在具体的实施过程中，关注学生与教师的点滴变化并及时进行调整，这样就能够在取得实际效果的同时生成可见的成果。所以，评估内容中的成果应该是扎实实践的必然产物。

五、资源保障

针对教研组三年发展规划实施的需要，在制定规划的过程中，有必要对本组内外的资源情况加以分析，筛选出主要方面为我所用。在这个教研组的发展规划中，对资源保障情况做了如下阐述：

管理资源

利用学校教师个人三年专业发展规划的制定与实施契机，经常与分管校长、教导主任沟通，争取多方面的帮助与指导，同时把组内每位教师的规划需求纳入教研组学期工作计划，为本组教师提供有针对性的各种学习展示机会，同时提供一定的专业经费。

专业资源

（1）经常与市区学科教研员沟通，争取专业指导。

（2）用好组内骨干，在引领指导别人中成就自己。

（3）建议校图书资料室增加数学教学理论的刊物种类，适当引进外文期刊。

技术资源

强化学校网络建设，完善数学学科板块，增强资源链接与互动功能。

六、实施安排

发展规划的落实,需要有可靠的组织与实施安排,该教研组通过两条途径予以实现,具体是:

第一,按照总规划的要求,将具体措施结合教师个人三年发展规划,以学期为基本单位,分解到六个具体时段,分别从学期目标、具体任务、阶段性成果、负责人等方面进行细化,便于每学期落实。

第二,各备课组在制订学期教研工作计划时,根据本组实际将教研组计划中的各项任务进一步具体化,制订出研修专题,设计相关研究课,提供具体教学展示平台,满足不同教师发展的需求。

另一方面,明确了发展规划的基本组成,教研组发展规划的制定就可以按照一定的步骤展开,具体过程如图6-1所示:

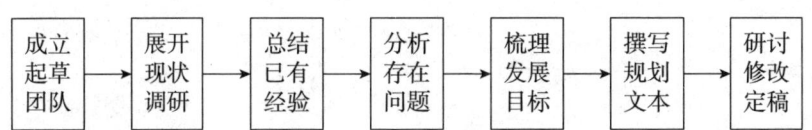

图6-1 教研组发展规划制定步骤

需要说明的是,在上述步骤中,总结已有经验与分析存在问题两个环节是比较重要的,需要教研组长引导并调动全组教师的经验投入。该教研组为此通过"问题矩阵"的方式展开了问题梳理和聚焦,具体步骤是:

步骤一:引导征集"问题"

(1)创设质疑情境,提供思考方向(从五个方面)。

(2)反馈信息,各备课组讨论。

(3)利用校园学科网,汇总问题。

步骤二:梳理确立"问题"

(1)备课组长和骨干教师参与,将"问题"进行统计归类。

（2）对"问题"加以筛选并在网上呈现。

（3）确立首要问题。

经过上面的步骤，教研组以矩阵形态将问题进行了初步分类呈现，如图 6-2 所示：

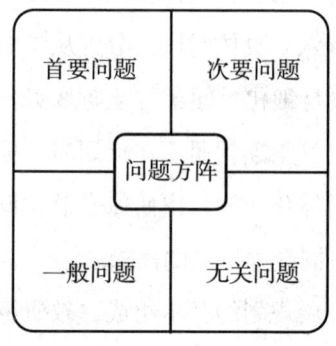

图 6-2 "问题矩阵"图示例

在潜心经营中培育团队文化

教研组发展规划的研制是教研组长立足于本组现有状况基础上对未来若干年（一般为三年）走向的判断和战略谋划，也是自身工作与行动的施工图。由于时间跨度大，在具体落实的过程中难免会遇到不同的情况甚至阻力和困难。教研组文化是一个长期孕育生成的过程，离不开点点滴滴的积累，需要从日常小事做起。如何在具体实施和落实发展规划中将共同愿景转变为现实呢？我们来看两个案例。

【案例1】

留给老师们的寒假作业

皑皑的白雪覆盖了冬季的土地，顽强的生命在地底下蓄势待发，昭示着"冬天来了，春天还会远吗？"组长工作渐渐上手，语文教研活动缺乏活力和特色的问题困扰着我，我有些苦闷，决心在教研组的"研"字上再下点功夫。

在教研员的帮助下，我尝试开展了一些组本培训，其中有一项是提高老师们的命题能力，为此我还制订了一系列的实施计划。第一步，先把近三年来的中考试卷收集并复印给每位语文老师，作为老师们的寒假作业，要求独立完成解题工作，从分析解题思路入手去摸索他人的命题思路；第二步，要求老师们把所有解答好的试题按知识点进行归类，以掌握命题规律，万变不离其宗；第三步，让老师们尝试对同一篇材料命题并做组内交流，以促进内化和迁移。

当我把三份中考试卷发到每位语文老师手里，并告知是寒假作业时，大家觉得很新鲜，学生有寒假作业，现在老师也有寒假作业了。我看到有两位老教师的脸上露出不屑，原来他们教了几届初三毕业班，手头都有标准答案，应付一下小菜一碟。我笑着对他们说："您二位是我们语文组经验丰富的前辈，也是我们青年教师的老师，这次我们做一回学生去做考题，然后试题的归类交流还要请你们做评点分析，我们一定洗耳恭听！"两位老师先是一怔，进而有些尴尬，勉强答应。事后，我找到他们进一步沟通，把我的用意讲清楚，听取他们的意见，同时商量怎样把这次研讨活动搞得更好……

这仅仅是个开始，我不断地在思考，如何让老师们关注学生的学习、关注自身的发展。随着寒假作业的实施，渐渐地，教研组内随机而生、有感而发的非正式研讨多了起来，研修的氛围在增强。看着这些变化，我似乎看到了教研组发展的愿景，这也更坚定了我干好组长工作的信心。

这个案例实际上体现出教研组长的一种有效的工作策略，就是在"执行"与"创新"之间寻找衔接点，主动注入个人的思想和研究成分（在执行中创新），它本身也显示了教研组长的谋略智慧。

【案例2】

处处皆有研究点

在一次教学例行检查中，我发现有几位老师批改作文特别用心，写的眉批、总评让人称道。叶老师注重眉批，学生作文本的左边空格处几乎全被她填满了，有恰当的表扬，也有委婉的指正，并给出了修改的建议；沈老师注重总评，她的评语让我想起了一位语文教学专家的话："评价是老师站在和学生同一水平线上的欣赏，是与学生共同的感受，是心与心的交流。这样的总评必定能唤起学生写作的欲望，提高其写作的积极性。"

忽然，一个念头在我的脑海闪现，可否利用此机会让大家探讨？于是，我搞了一次作文批改展示。当大家看完作文本围坐下来后，没等我开口，老师们已发表感慨："她们批改得真好！我自叹不如！""沈老师两句总评的话怎么写得那么好？这是基本功啊！""她们这两个班的作文篇篇都挺好的，老师平时确实是花了大力气的。"……一番感慨之后，我请两位老师谈了批阅作文的感受。她们一致认为，批阅作文没有统一固定模式，全凭一颗欣赏的心。在我的一再启发和追问下，大家接着她们的话题对比自己的批改情况展开了热烈的讨论……原本的作文批改交流观摩演变成了作文批改的专题研讨活动。

看来教学中确实处处皆有可探究之处，关键看我们头脑中是否有这根"筋"。

这个案例启示我们，教研组长在行使岗位职责时，不应只是管理角色，更应该把自己置于其中，敏锐捕捉教学中的关键"小事"，将细节合理放大，形成载体或抓手，连续驱动研修（在发现中驱动），这恰恰显示出教研组长在与环境互动中的专业敏感性。

上面两个案例，无非是要表明这样的观点：孕育教研组文化，如同精心酿制美酒，需要有创新的胆略、智慧和敏锐的眼光，不积跬步无以至千里。

另一方面，教研组文化的孕育与组长的工作习惯和方式密切相关，在本书的引言部分，我们曾经提到，教研组长在具体的教学和工作中，往往表现出某些方面的特点和专长，概括起来可以通过表6-2呈现。

表6-2 教研组长分类

特征	表现	作用
沟通调适型	善于沟通，能利用相关专业资源为研修服务，调适组内外的各种关系，自身专业话语权可能不够强。	能凝聚人心，研修活动正常开展，但深度有限。
严谨务实型	思维比较细腻，考虑问题较为周全、缜密，关注细节落实，有点患得患失，优柔寡断。	研修活动正常开展，过程扎实，但创新突破不够。
自主创生型	有独立思考，善于用批判性眼光观察事物，想法较多，有点主观甚至武断。	有较强的专业话语权，研修活动有一定深度，但有时在处理关系上会遇到困惑或障碍。

我们很难区分出教研组长的工作习惯和方式孰优孰劣，这样的初步划分旨在梳理，有利于组长据此反思自身，扬长补短，以适合自己的、自己擅长的工作方式引领组内教师向着目标努力，孕育出组本文化。

教研组文化需要长时间地在经营中形成，教研组长除了在日常教学和研修中从小事细节入手之外，还应在整体上探索并形成具体的操作途径。具体来讲，主要有三条。

一、在夯实基础、落实精细化管理中形成教研组文化

教研组不是松散性的休闲沙龙，教研组的管理与运行需要不断创新。但

是，无论怎样，有些东西是永恒不变的，不仅不能淡化，而且更需要加强，特别是教学工作，始终是核心，同时，多年来形成的制度规范乃是教研组的立身之本。忽视这些，片面提倡所谓的突破与创新，是不可能形成良好文化的。

1. 健全制度

如前所述，教研组的各项制度及其执行会直接影响到教研组的发展。目前，学校一般都有较为完备的教研组建设制度，包括教研制度、集体备课制度等，以及诸如"定计划、定时间、定专题内容、定地点、定主持、定研修成果"等规范，为此还要求有相关的活动记录与资料积累，这些都必须在实践中扎扎实实地落实和完善。

2. 抓实抓细教学过程管理，保证学科的教学质量稳步提升

学业质量是学校的生命，教研组是质量保证的主阵地。下面是某小学数学教研组长期立足于教学"五环节"的落实探索，践行并形成"开发教学资源包，做教学'明白'人"的特色研修文化的经验。

备课：个性化解读＋集体智慧＝把握整体

作为教学"五环节"的始端，备课对后面的上课、作业、辅导和评价起着"基轨"的作用，可谓教学质量的"风向标"。几年中，我们在坚持"三轮备课制"即个人自主备课、集体磨课和个性化设计的基础上，形成了一整套规范的流程，成为建设校本"教学资源包"（所谓"教学资源包"是集教案、课件、课后练习、测试卷四位一体的教师备课资源）中初始的两个环节。

准备环节
- **梳理教材**：备课组开展集体讨论，梳理教材，根据教学进度把每一单元中的内容按知识点进行分解，紧紧围绕三维目标，确定各单元各知识点的教学重点与能力目标。
- **申请任务**：备课组中的每位教师按照自己的意愿或者组内安排，承担每个单元中约 2—3 课时相对独立的教学内容。

图 6-3　准备环节流程图

编制环节
- **独立备课**：根据各单元教学内容，教师以成熟教案为蓝本，选择合适的教学方法和策略，独立精心备课，除了编制教案以外，还包括课件的制作、相关练习的设计等。
- **研讨修订**：上课前，由主备教师结合 PPT 课件向同组教师讲述备课意图、课件使用方法，听取大家的意见并进行修改，修改完成后将定稿发给组内的每一位成员。

图 6-4　编制环节流程图

从这两个环节的流程（如图 6-3、图 6-4 所示）管理中，我们可以看到，每位教师和整个团队得到的收益包括：

①每位教师针对相应的教学内容独立备课，个性化地解读教材、梳理教材并设计教案和编制课件。分层练习的设计和学法指导锻炼了教师独立解读教材的能力。

②采用主备者说课，同伴学习研讨，集思广益，完善教案的方式。这样的做法，既避免了因为教师对新课程的认识差异、对教材的解读能力差异和教学设计能力差异等而导致的教师"教"上的不均衡，又对教学内容进行整体把握，为守住教学质量的底线打下扎实的基础。

上课：课堂实践 + 优化设计 = 注重时（实）效

上课是教学生命的"循环系统"，是教学过程五环节中最重要的一环，是把备课设计转化为课堂效力的唯一途径。因此，教研组提出了改进上课的要求：由"教学预设"向"教学生成"转变；由"师教生学"向"共生互学"转变；由"传授知识"向"促进学习"转变。

在教学中，我们引导学生在学习过程中不拘泥于书本和常规、不迷信教师的教学，而鼓励学生立足已有的知识基础、学习潜能，独立思考，大胆探究，积极地去发现数学中的问题。在课堂中，我们努力做到"着力引导—主动参与—有效建构"的教学策略，并于课后在备课组层面即时反馈各自执教感受。教师们通过上课收集学生的反馈信息，课后进行及时的反思，使教学更具时效和实效，为优化教学质量创造了条件。

作业：作业反馈＋后续调整＝关注差异

作业，是教师课堂教学中的"潜影"，作为检验教学效果的手段，它的价值对教师和学生来说是对等的。上课与作业，是建设校本"教学资源包"的关键一环——实施环节，如图6-5所示。

实施环节
- **调整优化**：教师依据所教班级学生实际和教师个人特点，及时做好教案、课件的调整和优化，进行二次备课。
- **教学实践**：教师利用组内编制的"教学资源包"开展教学工作，课后，大家即时反馈各自的执教感受，及时进行教学反思。
- **课后调整**：根据实际教学情况对教案和课件的设计做第二次修改、调整和完善，根据当天执教情况对第二天的课件和小练习进行相应调整，根据前一天的作业情况调整第二天的练习内容，根据一周的教学情况调整每周练习的设计。

图6-5 实施环节流程图

我们精心设计习题，重视学生个体的发展，满足不同层次学生的需要，最大程度为学生减负增效。要求学生做的作业，教师首先要做一遍。教师通过认真答题，感受习题的难易程度、题量大小，为后续的学习活动打下了扎实的基础。

辅导和评价：因材施教＋立体评价＝强化针对性

我们根据"因材施教"原则，深化分层教学、分层辅导。有针对性地设计教学内容、安排教学活动，用不同的教学方式满足不同学生的需求。为了让每一个学生都能得到发展，教师除了抓好优秀生、特长生的辅导外，还把更多的精力放在了学困生的辅导上，对学困生进行分析，制订辅导计划，进行学生个案研究、追踪，做好学困生的档案资料管理。

对学生的学习评价，评价标准是个性化的，评价形式是多样化的，关键是能激励学生不断进步。除了日常的作业、测验评价外，数学教师会对每位学生一个学期的学习情况进行小结。每学期还要根据每个年级的特点开展不同形式的竞赛活动，如一年级的写数字比赛、二年级的口算大擂台、三年级的问题解决能力大赛、四年级的"巧妙计算我能行"竞赛、五年级的综合活动等。这些活动有的请不同年级的教师参与评价，有的是学生开展互评；有的以一个活动中不同阶段的表现为评价依据，有的以一个活动团体的综合成绩为评价依据。通过几年来不断的摸索和实践，我们感到，这种多元的评价方式大大提高了学生学习的积极性。

整合资源，循环建设

组内教师在落实五环节的过程中，收集问题并进行有效的整理，继而推动建设校本"教学资源包"的最后一环——整理环节——的建设，如图6-6所示：

整理环节 {
　评析交流：备课组成员每周对所负责的"教学资源包"进行反思、评析、交流，及时修改、调整、整理教学资源包。

　整理分享：学期结束后，由备课组长收齐整理全组教师编制的教学资源包，交给教研组长并上传学校数学专题网站备份，以便下一学年上课教师参阅。
}

图6-6 整理环节流程图

通过聚焦于教学五环节流程的精细化管理，在"准备环节—编制环节—

实施环节—整理环节"的循环建设中，我们不断对"教学资源包"进行修订、细读、修改、补充，在这样一个互相交流的平台上集中了各位教师的教学智慧，取长补短，在研讨交流中了解他人的教学思路和方法，这既有利于学生的学习，也利于组内教师自身素养的提高。老师们普遍反映，在制作、共享"教学资源包"的过程中，不仅自己对教材的分析能力有了提高，自身的信息技术素养也明显提高。在分享智慧的同时，大家团结协作的意识与能力也提高了。同时，我们对"教学资源包"的细读、修改、补充的过程，也是对教材的"三度开发"过程，修改后的"资源包"提供给下一轮教学的教师，不断引导教师关注教学细节的落实。

（本案例由上海市徐汇区汇师小学徐雄老师提供）

类似的情况还有很多，比如，本书前面提到过的某中学数学教研组多年来坚持围绕夯实教学基本功展开的六大系列化专题研修，构建起基于教师基础型素养培育的组本研修课程。由此可见，教研组文化不必刻意标新立异，将常规做精做细，形成体系和经验，这本身就是一种文化的体现。

二、在破解课程教学及其研修难题中生成教研组文化

遵循教学规律，抓住教学的基本规范形成教研组文化，是文化创建的基本路径；同时聚焦于课程与教学中的难题或关键问题，展开长期的探索，也是创建教研组文化的一条可行路径。这方面有许多可资借鉴的经验和案例，下面是某小学数学教研组在借鉴多版本教材优势，围绕破解新教材使用中的问题，开展的"实施学期课程统整，开发教师教学潜能"研修文化创建的经验。

聚焦并解决"统整"中的关键生成问题

学期课程统整的基本思想直接提升了教师在课程改革中的主体地位，使

其成为课程实施进程中的调控者和适度的创生者。由于缺乏必要的知识和思维方式上的准备，教师面临的困惑和问题比任何时期都多，形成了不少问题堆。伴随着问题不断生成，这些自然成为学校教师探讨与研究活动的有效引领和行动线索，驱动教师研修的延伸和推进。

围绕学校提出的"善学"培养目标，随着"学期课程统整指南"的编制与完善，教师通过收集、筛选和群体性的讨论分析，"在问题成堆的地方聚焦问题，在问题庞大的地方细化问题"。综观我们的实践，由于学科本身具有自己的特点和学习任务，因此我们主要抓住数学学科关键问题的解决展开探究。

由课程统整衍生出的问题往往具有复杂性和系统性，它考量着教师学科教学知识的积淀和系统思维的能力，也关系到有关学科统整指南的科学性与实施的效能。针对这些问题的解决，学校开展了基于思维改善的系列化教师研修活动。

在学科课程统整思想的指导下，我们数学教研组开始了研制统整指南的工作。一开始我们就面临着一个严峻问题，用什么线索来贯穿统整指南？我们尝试了多种思路，从开始的学科知识的简单扩充，到学习习惯、学习方法的糅合，一直到现在以数学思想方法为学科内在线索，我们在思想观念上、学科教学知识的理解上有了飞跃。

要让学生在学习数学知识的同时学会数学思想，首先我们要搞清楚什么是数学思想？有哪些内容？又有哪些数学思想适合小学生的学习？面对这些问题，我们开始收集各种资料，到网上、图书馆、书店找。我们尽可能地找到一切有关数学思想的文献资料，然后一起学习，一起整理，最后再把那些思想统整进我们的指南当中。

经过讨论，我们认为，小学阶段最主要也是最重要的数学思想方法之一是"猜想—验证"思想。我们在各年级全面渗透这一数学思想，并注意根据不同年级学生学习的需要用不同的形式反复交替呈现。

同样是"猜想—验证"思想，在正确把握小学数学基本思想方法上，要求有所不同，如何在教学时有效区分，形成螺旋与梯度，目前仍是数学学科统整实施中的难点。教研组正在通过专题系列课例的分析予以完善。

鉴于某些学科知识体系的内在逻辑联系，根据教材的编排与呈现方式，对于如何寻找比较好的统整主线，学校教研组展开了连续的跟进式研究。有了线索串联统整指南，在课堂里怎样落实细节又是校本研修的经常性活动。

嵌入理论的学习与内化，掌握研究方法

随着研究的不断深入，教师不可避免地会暴露出知识上的缺失和不足，因此，研修过程中的理论学习至关重要。我们认为，考察理论是否有价值，并不仅仅看它有多么的正确，更在于它的社会需求程度。我们对教师的学习需求与学习方式展开研究，力求让教师在学以致用、融会贯通的同时，开拓视野，提升观察问题的境界。

目前，教育教学专业理论大致可以分为两大类：一是解释说明性理论，它主要回答"是什么"和"为什么"的问题；二是实践操作性理论，它主要回答"如何做"的问题。在本项目的研究实践中，我们主要依据问题精心选择，开展利于内化导行的研读活动。比如，在编制数学统整指南的过程中，数学教研组的教师始终将目光聚焦于厘清和把握小学数学学科内在的核心线索，他们走过了一段曲折的路：内容的简单扩充→数学基本思想方法→学生学会反思。教研组的教师先后集中研读了《教育学》《小学数学教学的理论与方法》《学习习惯培养100例》三本书，学习重要的信息和知识，梳理出本学科重要的概念与思想方法，为编制统整指南奠定基础。

经过三年多的研究，课程统整已趋于成熟并进入了积累和实践阶段，我们数学组也逐渐形成了以培养学生善学为目标的统整指南。在一次赴外省市听课的活动中，偶尔听到了"反思"一词，在专家的提示下，我们逐渐体会到，这一"反思"不同于平时我们常说的教师的反思，现在我们所要研究的反思是指"学生的反思"。

于是，我们分头收集资料。可能是这一研究比较"前沿"，因此能找到的资料并不多，网上只能找到一些零碎资料。接着，我们进行资料的筛选，我与教研组内的同伴边讨论边整理，选择出有用、可操作的内容。

在实践的过程中，教师们不断关注并收集有关资料来充实自己的研究。一个学期后，我们展开了一次研讨活动：五年级在学完列方程解应用题后怎样培养学生将答案带入题目中去检验的方法，以及让学生联系实际反思自己的解题答案是否合理。曹老师谈了自己在教学后常问学生学习后还有什么问题，施老师和周老师介绍了在解题后让学生考虑是否还有其他解法等。之后，静下心来想想，我们的研究还是停留在文献提供的方法上，并无自己的东西，更缺少发展与创新。

我们想，不能仅仅满足于对已有文献资料的简单模仿和套用，要有自己的经验和做法。我在一次和校长的闲聊中讲到了"学生自我反思能力培养"研究的情况，谈到学生的错题整理和单元的知识整理，校长说："你们就是为了让学生整理而整理吗，有没有想过在整理后可以让学生做些什么呢？"她的几句话引起了我们的深思，确实可以在学生整理以后引导学生进行反思。那么怎样引导学生进行反思呢？反思的形式又是怎样的？

为此，教研组又开展了一次研讨，老师们归纳了多种培养学生反思能力的有效方法：反思是一种学习的"再认识"，可以是发生错误时的反思、整理错题后的反思；反思应该是有针对性的，可以是产生困惑时发生的、复习整理时发生的，可以是梳理知识中的反思、知识对比中的反思、整理后的反思，可以反思哪些知识容易混淆、哪些知识容易出错；此外，学生的交流过程也是一种反思，学生自己收集练习题也是一种反思，老师们还提到根据小学生的年龄特点，反思的形式必须多样，这样才不至让学生感到厌倦。现在看来，我们的做法比文献上的丰富，而且做了初步的概括，形成了教师自己的"理论"。不可否认，过程中的文献收集与学习帮了大忙，使我们能登高望远，提高研究实效。

选择典型课例，开展循环跟进分析

学期课程统整立足于学科背景，同时离不开对课堂教学细节的深入分析，所以，在日常的教学研究中，我们常常将本学科课程统整的宏观性关键问题细化处理，在预设和生成之间捕捉探究问题，选择典型课例，展开循环跟进分析，以寻求学期课程统整指南的事实依据，使其愈加完善。

这样的循环观课研讨，其主题并非事先想好的，每一次教学展开的动因皆是前一次观课中发现的问题，并且注意将统整指南的要求逐一落实到课时设计、课堂教学、作业辅导和教学评估等基本环节，探讨逐步递进和深入。

由剪辑教材，到学习方法习惯的渗透，最后以学科思想作为课程统整的主线，其间，我们经历了一次次的飞跃，顺着这条道走，很具有挑战性，也比较艰难，因为这种教研既不是满足于小打小闹的技能探讨，也不是空口大话的理念说教，而是在引领同伴以系统和辨证的眼光架构课程标准同课堂教学之间的桥梁。

课程统整是一个实践的、创造性的和互动的问题解决过程，既较好地破解了新教材使用中的问题，也开发了教师的教学潜能。

综上，我们的研修活动可概括成如下基本实施框架（如图6-7所示）：

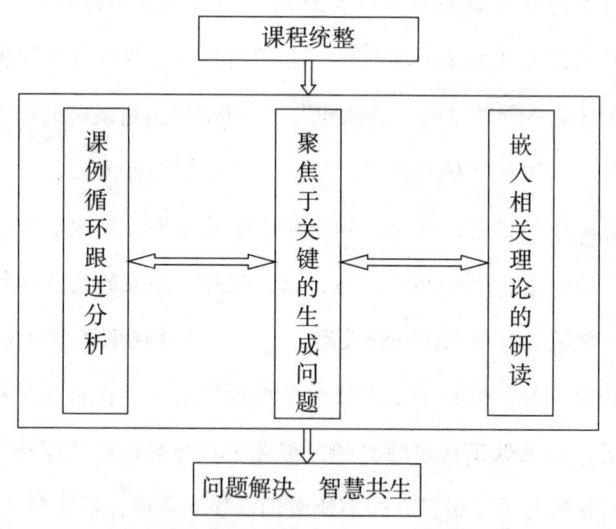

图6-7 研修活动基本实施框架示例

（本案例由上海市徐汇区启新小学许春芳老师提供）

在问题解决之中生成教研组文化，某种程度上是对教研组研修方式的再构，往往具有变革性。比如，某初中综合理科教研组为了解决将不同学科背景教师凝聚在一起展开有效研修的问题，采取了淡化学科边界、扎根学科公共区域、梳理上位公共问题等形式展开研修活动，探寻出较为系统的解决之道。经过长期积累，孕育出基于共性问题解决的伙伴式研修文化。所谓问题破解，主要是指两类：一类是破解具体课程与教学中的关键问题（主要是课堂教学问题）；一类是破解教研组组织形态与研修活动有效性的关键问题。只要整体思考，系统谋划，持之以恒，那么就有可能孕育出相应的组本文化。概而言之，主动参与并展开重大项目的研究，往往是教研组文化创建的有效载体与切入口。

三、在参与学校文化的创建中突显教研组文化

作为组织的细胞，教研组的发展及其文化的形成同其所在学校的文化环境密切相关。教研组必然会受其精神、制度和物质文化影响，从而折射出"母体"的文化气息。另一方面，教研组的文化并非完全是学校文化的翻版或浓缩，它与所在学校的文化之间存在着某种共生共长的张力，既显示并呼应了学校文化的特点，同时也彰显出自身的特色。简言之，教研组文化应是学校文化的个性化体现。那么，教研组长如何在参与所在学校文化创设的同时，结合本组具体情况来孕育教研组特色文化呢？下面是某中学语文教研组的案例。

在学校"回归教育本源，创设'致中和'办学文化"的进程中，我们致力于打造"上下同欲，和合交往"的教研组团队文化。"同欲"是前提、关键、诉求，"和合交往"则是多元的方法。

基于这样的理解，我们将学生语文能力培养、人格发展置于教师发展、课堂有效实践之上，使教研组建设与学校办学浑然一体。

在感悟办学理念与思考现实的基础上，我们逐渐摸索出教师培养的多条有效途径；尤其在新课改的背景下，将"提升课堂教学有效性"作为教师培养的核心，在长期摸索、磨合的过程中，我们体味到"上下同欲，和合交往"的巨大作用，教研组上下无文人相轻之态，有和谐进取之风。"上下同欲，和合交往"已成为教研组建设的文化内核，具体体现在三"多"的实践。

多力合为，提升教师课堂教学能力

（一）挖掘内力——重构体系，校区联动，一专多能

1. 打破常规，重构"点、面"结合培养体系

青年教师既是我校语文教师队伍的主体，也是教学的中坚力量，助力青年教师的成长、成材是提升教师合力的关键。同时，我们清醒地认识到，注重合力的建设模式既有优势，也有难以回避的弱点，即容易忽视教师个体的独特价值。

鉴于此，我们解放思想，在重视青年教师整体性成长的同时，更关注优秀教师个体的成材，形成了"点、面"结合、"点亮""面实"的培养体系。

就"面"上而言，将教师个体置于教师成长的整个过程之中加以考量，按转型期、成长期、成熟期制订不同的培养目标和方案。比如，对于转型期教师，通过组织学习办学理念、《教师常规25条》、师徒带教等，重点帮助其完成从学生到教师的角色转换，养成良好的教学习惯。

与"面"相比，更重要的是"点"上的功夫，除公开课力推的常规手段，还可通过关键岗位起用来实现。

同其他学校学科把关人常年坐镇初三、高三不同，我们大胆让青年教师到毕业年级任教。因为，只有经历过初三、高三，青年教师才能从整体上高度把握初高中不同学段的教学，并内化为自觉实践。比如，现高三备课组共4位教师，平均年龄不到33岁，且都有一年以上高三任教经历；现初三备课

组共6人,除一位返聘老教师外,其他教师平均年龄不到30岁。青年教师在关键年级挺得住,逐渐成为来之能战、战则能胜,具有大局意识的教师。

对于青年教师中的佼佼者,我们大胆让其担任备课组长、教研组长,充分激发他们的工作热情和智慧。现任教研组长走上管理岗位时教龄都不足8年。而今年备课组长中的中青年教师占到总人数的70%。

2. 因势利导,落实校区联动机制

我校初、高中部分散在三个校区,这是教研组工作的天然障碍。为了克服困难,使各校区能够"要求一致、步调一致",我们实施了校区联动并逐渐形成机制。

(1) 建立事务性联动,专人负责,定期沟通,确保教学活动有序、统一开展。

(2) 建立资源性联动,构建教学资料库,实现试卷、备课资料等教学资源共享。

(3) 建立合力性联动,各备课组共同参与重大活动,保证活动质量。

三个层面的紧密联动,使各备课组能够紧跟教研组要求,有效开展各项教学活动,实现了三个校区一盘棋,联动发展,共同进步。

3. 一专多能,选修课开设扬特长

学校办学呼唤既有"一专"又有"多能"的高素质教师,而开设选修课恰是培养一专多能型教师的有效载体。

以"古诗词吟诵唱"选修课为例,走过了一条从个别教师学习到年级试点开课,再到自编教材,全面铺开的过程。作为第二课堂,选修课不仅激发了教师课余钻研专业的兴趣,开拓了学校语文教学的阵地,更将其辐射力作用于课堂教学,切实提升了教学效益。

(二) 依托外力——专家引领,专题培训,集中高效

我们根据不同阶段教师成长和教师个人在发展上的个性取向,提供不同的专题化培训。由于其综合性和选择性,我们称之为"菜单化"培训。

比如，针对青年教师命题和课堂板书上的不足，请区教研员分别做关于命题、板书的讲座，并后续开展青年教师命题、板书比赛，夯实内化学习内容。

针对作文教学的困境，请来华东师范大学教授、高考作文阅卷组负责人做"从高考作文的评价谈高中作文教学"的专题讲座，后续在全校各年级进行同题写作"我最喜欢的一首歌"。

针对教师个人对古诗文吟诵唱的兴趣，请上海师范大学附属中学语文特级教师做古诗文吟诵的系列讲座，并最终将其课程化。

不管勤练内功，还是借助外力，我们始终将教师培养放置于学校办学和教师发展需要下考量，使教师培养成为有本之木、有源活水，自然生机勃勃。

多本合用，提升学生课堂学习效率

"让教材成为范本而非孤本"是语文教育界的共识。我们强调多本合用，提升课堂教学的有效性。所谓的"本"，既有一般意义上的课本（教材），也有教研组创设、编制的校本（教材、资料、目标体系）。

（一）立足教材，以教促学

1. 新老教材，兼收并蓄

课改仍在深化，新教材仍在试行。新教材域广、量多的知识介入并不能掩盖其知识序列上的模糊。从"教"和"学"的需要出发，老教材依然有生命力。比如高二课文《关汉卿》，不管是"教"还是"学"都需要落实剧本知识，而新教材恰好力有不逮。为此，适时补充旧教材中的《雷雨》（片段），借经典选文的讲读落实剧本知识，课堂教学左右逢源。

2. 教材内容，有机补充

教材不是唯一的，更多的是相机补充各种资料，满足"教"与"学"的需要。我们努力在四个维度上使补充资料与教学有机衔接：

（1）阅读内容与写作内容整合。比如，在杂文教学中补充邓拓的《不求甚解》《不要秘诀的秘诀》，落实议论文的基本结构及论证方法。

（2）教材内容与拓展内容整合。比如，在《赤壁赋》的教学中，补充《前赤壁赋》《念奴娇·赤壁怀古》等进行比较阅读，补充《苏东坡突围》供学生深入体会。

（3）教学内容与复习内容整合。比如，初三议论文单元的教学结束后，没有就此罢手转攻别体，而是借助《阅读》一书中议论文阅读的复习指导，开展专项训练。

（4）教材内容与时代内容整合。比如，初三H版教材《南京大屠杀》一文的教学，囿于时代，学生难有体会，恰逢电影《东京审判》热映，便组织学生观看，用影视作品为课堂教学预热。

（二）统观规律，以学定教

学科教学必须以学生的认知规律为逻辑基础。以写作教学为例，新教材"主题先行"的写作序列无法真正立足于学生的认知规律，感性有余，"章法"不足。因此，在实际作文教学中，我们打破了学期、学年固定教学时段的局限，站在整个学段学习的高度，将写作教学的教学目标根据教与学的规律重组，设定了合理、清晰、有层次的分年级教学目标。

以初中学段为例：

（1）预初年级要求"学会记叙一件完整的事，做到详略得当"。

（2）初一年级要求"记叙一件完整的事，要求叙事之中有适当的描写，使之具体生动"。

（3）初二年级要求"记叙一到两件事，学会在叙述、描写中穿插适当的议论、抒情"。

（4）初三年级要求"学会运用素材，综合运用多种表达方式，表现积极、正确的人生观、价值观"。

作文教学以外，我们还创设了分年级文化积累序列，并通过"一日一句，巧设作业""每日鉴赏，巧借演讲""常识积累，巧用选修""积想累思，巧设专题"等方式加以落实。

多本合用，靠的是自我智慧的闪光，我们将继续思考如何使我们的"本"体现学校的个性、教研组的个性，符合学生的需要，使"教"真正为"学"服务。

多管齐下，助力学生实现精神成长

教育的目的在于实现人的全面发展，除知识的获得外，更重要的是精神的成长。而我们思考的是如何发挥语文学科特有的教化作用，使之与学校育人、教研组建设相契合，使学生的精神受益。

我校的育人特色是"学生领袖群体培养"，培养专门化人才和管理人才。为此，我们依托学校德育工作，强调教学环节的教化作用，突显学校育人目标。

（一）立足课本，深挖内涵，激发哲思之辨

学生领袖群体、专门化人才、管理人才的培养目标更关注学生独立思想的形成。特别是在高中教学中，强调对课文的深入解读，激发学生对人生、历史等重大命题的思考。

比如，《兰亭集序》的课堂教学，不仅使学生体会课文所传达的人生思考，更将这种人生思考置于思想史的发展中，引出儒、道的生死观，王羲之对玄学的超越，艺术与人格品性的关系等。

再如《世间最美丽的坟墓》的教学，通过课堂教学布置作业，要求学生进一步阅读托尔斯泰和茨威格的传记，并通过读书笔记的写作对课文进行再体会。

或横或纵，都是对课文进一步的解读，这正是我们追求的教学形态。

（二）聚焦于写作，科学有序，鼓励独立之言

独立的思想只有通过完整的表达才有意义。我们强调在课文教学后写作教学的自然生成。根据新课程标准提出的"珍视个人独特感受"，我们强调在写作中谋篇布局、中心立意直至文辞语言都要尽可能体现学生个人的机智和个性。

我们将学生的写作过程分为三个阶段："有冲动"阶段、"敢下笔"阶段、"要提高"阶段。

首先，我们要求教师在每一次课堂写作前，必须激发起学生写作的冲动。比如，初中低年级以激趣为主，高中年级则更需要提供值得思考的事例、问题等。

其次，将写作素材的准备完成于平时，激发学生主动积累素材。比如，初二作文以"成长"为话题，便以"成长中的标点符号"为题进行主题式素材积累；初三以"我的'最'纪录"为题进行主题式素材积累。

最后，在作文中、作文后强调多元评价，教师的评语、学生的自评及互评等，特别是过程性评价；还鼓励教师写下水作文。比如，唐老师为了让高一学生明白写作的立场问题，创作了《两条鱼杀死三个人》的小剧本，使学生于嬉笑怒骂间感悟作文门道。

（三）年级德育目标，主题月活动，缘事而发

在学校的各项活动中，本就蕴藏着语文教学的无限可能。我们将对学生语文能力的培养、对品德的教化嫁接于学校的分年级德育主题中，荡去机心，尽显自然。

比如，结合预初年级传统活动"给父母的一封信"，我们将写作教学辅导融入其中，在写信前做关于信的基本格式、构思、表情达意的指导，促进了学生与父母的情感互动。

再如，初一年级的德育主题活动是"发愤乐学——树立正确的苦乐观"。老师们设计了以此为主题的"听、说、读、写"语文活动。请学生"听"同龄人说说身边的快乐学习；"说"自己学习的小窍门、小心得，与他人分享；"读"名人传记，摘录十位名人的"乐学"经历；"写"同龄人"乐学"的品质，完成写人的小练笔。

学校为语文学科搭建了专门的活动平台，将5月定为"语文月"。我们抓住语文月的契机，在全校范围开展丰富多彩的活动，这些活动有些已成功举办多年，成为传统节目，如课本剧汇演、诗歌朗诵会、书法比赛等。也有相机而行的诸如辩论、读书交流会、作文竞赛等活动。这些活动，语文教师

全程参与，精心辅导，为的是保证学生活动的充分性和高质量，使语文月真正成为学生感悟语文学科魅力、提升语文能力、张扬自我的舞台。

"天机云锦用在我"，我们深刻体会到"语文的外延与生活的外延相等"这句话的深刻内涵。让语文与生活相接，还原语文的天然教化功能，是我们开展工作的不懈追求。

（本案例由上海市西南位育中学刘亚晶老师提供）

在这个案例中，教研组以"三多"为抓手，践行"上下同欲，和合交往"的组本理念，在体现教研组文化的同时，较好地诠释了学校文化的意蕴。

教研组文化的孕育是一项极富智慧的管理行为，可能远不止上述内容，但有一点是肯定的，教研组长首先应该是各项制度规范的模范执行者、发展愿景的描绘者、行动路径的拓展者、引领组员迈进的调控者，这需要我们克服浮躁与急功近利心态，经得起各种诱惑，脚踏实地地努力，在不断尝试和积累中，教研组的文化便能够自然形成。这一过程也再次集中体现出教研组长"综合融通性"和"整体渗透性"的思维品质。

延伸思考 >>>

(1) 如何引导并组织教师共同参与教研组发展规划的研制？

(2) 教研组长如何从管理角色向经营角色转变？

参 考 文 献

[1] 陈世滨. 校本教研制度建设的问题与建议 [J]. 教学与管理, 2007 (8).

[2] 杜俭, 包霞, 杨向谊, 杨娇平. 在磨砺中提升教学领导力 [C]. 内部资料, 2006 (5).

[3] 顾燕萍. 教研组文化创建的七大策略 [J]. 中小学管理, 2007 (6).

[4] 郭成英. 新课程背景下教研组长的角色定位 [J]. 当代教育科学, 2007 (1).

[5] 和学新, 乌焕焕. 校本教研制度建设的意义与价值审视 [J]. 教育科学论坛, 2010 (1).

[6] 姜美玲. 教师实践性知识研究 [M]. 上海:华东师范大学出版社, 2008.

[7] 景洪春. 语文校本研修活动案例与反思 [J]. 教育科研论坛, 2007 (4).

[8] 李宝庆, 肖庆顺. 校本教研制度建设:问题与对策 [J]. 天津市教科院学报, 2012 (3).

[9] 李峰. 基于标准的教学设计:理论、实践与案例 [M]. 上海:华东师范大学出版社, 2013.

[10] 李政涛. 什么是"教研组文化"?——"教研组文化"系列之一 [J]. 上海教育科研, 2006 (7).

[11] 李政涛. 用文化的力量打造教研组品牌 [J]. 中小学管理, 2007 (6).

［12］林相标. 重建教研制度的理性思考［J］. 上海教育科研, 2008（4）.

［13］刘学惠, 申继亮. 教师学习的分析维度与研究现状［J］. 全球教育展望, 2006（8）.

［14］牟映雪. 教研组协作文化构建与教师专业发展［J］. 课程·教材·教法, 2006（9）.

［15］逄明波. 校本教研中教师同伴互助问题研究——以长春市 T 中学为个案［D］. 东北师范大学, 2009.

［16］施红群. 构建教研组协作文化的尝试［J］. 教学月刊（中学版下）. 2008（4）.

［17］滕平, 杨向谊, 朱海燕, 景洪春. 在共享中求发展——知识管理视野下教师知识共享机制的校本构建［M］. 上海：上海社会科学院出版社, 2009.

［18］王春华. 教研组长要"贴心"［J］. 教学与管理（小学版）, 2006（12）.

［19］王洁. 当前校本教研制度建设的现状与问题的反思［J］. 上海教育科研, 2007（1）.

［20］魏江, 严进. 管理沟通：成功管理的基石［M］. 北京：机械工业出版社, 2006.

［21］吴卫东, 骆伯巍. 教师的反思能力结构及其培养研究［J］. 教育评论, 2001（1）.

［22］吴振利, 饶从满. 关于教师合作问题的理性思考［J］. 课程·教材·教法, 2009（11）.

［23］徐碧美. 追求卓越——教师专业发展案例研究［M］. 陈静, 李忠如, 译. 北京：人民教育出版社, 2003.

［24］徐汇区教育学会, 徐汇区教师进修学院. 让知识在共享中创新——徐汇区示范及优秀教研组教研活动案例选编［G］. 内部资料, 2012（3）.

[25]徐行. 在现场磨炼中提升教研组长能力 [OL]. [2013-04-07]. http://www.age06.com/age06.web/detail.aspx?Infoguid=f25c6cf2-4f80-4f8e-9a39-221ceaf004d6.

[26]杨玉东. 培训活动的实效性如何考察 [J]. 教育发展研究，2011（z2）.

[27]叶丽诗. 校长教师和谐人际关系实现的组织文化要素 [J]. 基础教育参考，2011（3）.

[28]余清臣. 论教育理论语言的实践转换 [J]. 中国教育学刊，2013（10）.

[29]于泽元. 自我统整的教师 [M]. 北京：教育科学出版社，2012.

[30]原献学. 组织学习动力研究 [M]. 北京：中国社会科学出版社，2007.

[31]张华. 课程与教学论 [M]. 上海：上海教育出版社，2001.

[32]张敏. 教师学习的理论与实证研究 [M]. 杭州：浙江大学出版社，2008.

[33]郑雨明，黎兵. 主题式团体研修低效瓶颈的突破 [J]. 教育理论与实践，2013（2）.

后　记

从教 36 年，由基层的普通教师到从事普教科研工作的区级教师进修学院科研室专职科研员，我一直关注基础教育的课程改革，特别是在国家课程校本化实施的进程中，学校教研组功能和作用的发挥。

我始终以为，教研组既是解决教学问题的主阵地，也是教师专业生活最集中、伙伴关系最密切的团队组织，教师在教育教学上点点滴滴的进步无不与其所在的教研组存在着千丝万缕的联系。因此，在研究教师教育和相关专业发展问题时，大家十分重视聚焦于学校中教研组建设和校本研修两大领域，进行了大量的探索和实践，获得了丰富的研究成果以及经验。

另一方面，相比较而言，对教研组的领头人——教研组长的研究却略显不足，除了一些较为零散的经验总结以及作为校本研修经验成果中的附属品介绍，鲜有对教研组长素养展开系统探索研究的成果。长期担任基层学校教学管理工作的经历告诉我，不研究教研组长的专业素养及其行为方式，就不可能更好地研究校本研修和教研组建设，尤其在新课程实施的背景下更是如此。

从 2006 年下半年起，我开始有意识地关注教研组长这一群体，经常深入学校，参与他们组织的教研活动，与他们进行深入的交流沟通，体验他们岗位工作的酸甜苦辣，触摸他们丰富的内心世界。渐渐地，我似乎对他们有了较为完整的印象，能够大致描绘出这一群体的图像。

随着观察与思考的不断深入，我就教研组建设和教研组长的专业素养展开了研究，主持了相关的上海市市级科研项目，参与了区域性示范、优秀教研组评审活动，陆陆续续动笔撰写了一些文稿，发表在《教育发展研究》《中小学教师培训》《上海教育科研》《现代教学》等学术刊物上。为了将这些研究成果转化为实际效益，"十二五"期间，我开设了相关的上海市教师培训市级共享课程，组织开展了相关的教研组长培训活动。与此同时，受北京师范大学、华东师范大学、全国教师教育学会、中国教育学会有关分支机构的邀请，我先后赴全国十多个省市自治区讲课，取得了比较好的反响。

本书是在前期研究培训的基础上，对取得并积累的材料抽取重点，进一步梳理加工而成。书中的案例中未署名的均是由我本人对原始素材进行加工后撰写而成。

在这里，我要感谢赵钺、尤敏华、管理、李莉、钱敏华、陈悦、黄海蓉、张雪军、鲍洁、金晓红、丁慈矿等老师的帮助，他们为本书提供了案例文字材料。感谢徐汇区教师进修学院原院长杜俭、原副院长陆葆谦老师，以及现任院长李文萱、副院长倪志刚老师等，他们为我的研究和实践创设了很多平台和机会，同时也提供了许多有益的指导和帮助。最后，还要感谢我的家人对我工作的积极支持和付出。

由于水平所限，本书还存在诸多不足和疏漏，恳请读者批评指正。

杨向谊

2016 年 8 月

万千教育图书目录

代号	书目	著、译者	定价(元)
教育经典名著丛书			
J1327	教育的目的（汉英双语版）	（英）怀特海 著 靳玉乐 刘富利 译	48.00
J1302	儿童教育心理学	（奥）阿德勒 著 杨韶刚 译	35.00
J1273	爱弥儿（精选本）	（法）卢梭 著 檀传宝 等 译	48.00
J1155	民主主义与教育（英文版）	（美）John Dewey 著	68.00
J1060	民主主义与教育（中文版）	（美）杜威 著 陶志琼 译	42.00
J1118	课程与教学的基本原理（英汉对照版）	（美）泰勒 著 罗康 张阅 译	42.00
教育经典名著丛书合计			283.00
教师专业成长系列			
J1145	多元智能教与学的策略（第三版）	霍力岩 等译	60.00
J1289	从生活中悟教育智慧	严育洪 著	36.00
J1264	童年爱上一本书——教师、父母如何伴读	周益民 著	28.00
J1144	教师怎样提问才有效——课堂提问的艺术	宋玲 译	45.00
J1275	解读青春期心理密码	姜荣奎 著	36.00
J1270	重构教师思维 ——教师应知的28条职业常识	刘祥 著	32.00
J1233	塑造卓越教师 ——教师如何避免易犯的25个严重错误	张赫 徐梦杰 译	45.00

编号	书名	作者	价格
J1250	中学班级心理辅导活动60例	杨敏毅 等著	35.00
J1146	抓住学生注意力的176个课堂小活动	张乃束 译	28.00
J1227	小学生学习习惯培养方案	黄波 著	35.00
J1243	写给少先队辅导员的41条建议	许其龙 著	35.00
J1236	教师怎样少做无用功 ——高效能教师必备法则	王晓春 著	32.00
J1240	半部《论语》做良师 ——《论语》给教师的启示	任民 李迎春 著	32.00
J1213	教师职业生涯十大误区	茅卫东 著	27.00
J809	教育管理学：理论与实践（第五版）	朱志勇 等译	88.00
J1087	"偷师"杜威 ——开启教育智慧的12把钥匙	邱磊 主编	35.00
J1043	问题班级管理策略（第二版）	吕红日 等译	36.00
J1077	让高中生学会学习	高慧明 著	30.00
J1093	不怕学生搅局 ——教师的教育机智修炼之道	李进成 著	29.00
J1068	教师如何读经典	霍军 著	34.00
J1105	今年，我教小学一年级	陈兴杰 王翠丽 著	34.00
J968	中小学课堂教学的30个失误	李冲锋 著	38.00
J986	教育律师的忠告： 例说中小幼教师必知的75条法规	雷思明 等著	38.00
J987	跟禅师学做教师	谢云 著	28.00
J995	重建师生关系	史金霞 著	42.00
J921	做一个会"偷懒"的教师	常作印 编著	23.80
J988	心平气和当老师	茅卫东 著	32.00
J1018	王晓春帮你走出教育误区 ——评说100个教师常用语	王晓春 著	32.00
J960	教师怎样说话才有效	李进成 著	32.00

编号	书名	作者	定价
J946	魅力男教师修炼36计	林华民 著	29.00
J937	破解挑战教师智慧的42个问题	宁 杰 郑立平 著	36.00
J940	一位青年教师的专业成长之路 ——王君专业求索笔记	王 君 著	32.00
J971	王晓春给青年教师的100条建议	王晓春 著	28.00
J975	魅力女教师修炼记	张曼凌 著	28.00
J938	让学生都爱学习——激发学习动机的策略	宋 玲 译	22.00
J932	教师如何与学生沟通	姜荣奎 著	32.00
J931	教师如何教好自己的孩子 ——教师妈妈的育女手记	杨文娟 著	26.00
J905	让教师偷着乐——校园幽默笑话396则	唐劲松 主编	18.00
J881	教师兵法	刘坚新 编著	28.00
J848	老师好好学习，孩子天天向上 ——"麻辣教师"邓睿手记	邓 睿 著	25.00
J726	心与心的约会——孙明霞的生命化课堂	孙明霞 著	28.00
J840	零距离美国课堂	王 文 著	28.00
J824	学校何以难办 ——一个教育咨询师的哲学回答	郑 杰 著	25.00
J789	做个充满激情的教师——教师成功之道	张乃柬 译	32.00
J797	教师时间管理策略	张迪帆 译	22.00
J723	教育，我有话要说 ——一个教师对教育的深度反思	张迪帆 译	25.00
J677	选择学习——为成功而教	张 娜 译	18.00
教师专业成长系列合计			**1539.80**
班主任专业发展丛书			
J1304	好班是怎样炼成的 ——小学班主任班级建设之道	谢云 主编	40.00
J1349	好班是怎样炼成的 ——中学班主任班级建设之道	谢云 主编	38.00

J1311	班主任如何破解德育低效难题	赵坡 著	35.00
J1341	正思维、正能量和正教育 ——魅力班主任的幸福教育生活	钱碧玉 著	36.00
J1230	如何上好班级心理辅导活动课 ——钟志农答疑50问	钟志农 著	42.00
J1201	德育主任新方略（《中小学德育主任工作指导手册》修订版）	丁如许 著	32.00
J1037	初中主题班会设计技巧与优秀案例	郑学志 主编	34.00
J1036	高中主题班会设计技巧与优秀案例	郑学志 主编	32.00
J1039	中职主题班会设计技巧与优秀案例	李迪 著	35.00
J1205	缔造完美教室 ——小学班本课程的开发与实践	李亚敏 刘娟 著	39.00
J1082	打造小学卓越班级的38个策略	许丹红 著	30.00
J1102	打造初中卓越班级的40个策略	刘令军 著	32.00
J1101	打造高中卓越班级的42个策略	覃丽兰 著	38.00
J1225	打造中职卓越班级的41个策略	李迪 著	32.00
J1178	小学家校沟通的艺术	王怀玉 著	35.00
J1083	接手新班	郭学萍 著	38.00
J1049	今天怎样爱学生——师爱的智慧与艺术	陈晓华 著	28.00
J1044	班主任，青春万岁——王君带班之道	王君 著	34.00
J986	做学生最好的"心理营养师"	梁岗 彭玉华 著	35.00
J967	班主任如何带好差班	赵坡 著	30.00
J917	班主任工作中的心理效应	刘儒德 主编	35.00
J728	把班级还给学生 ——班集体建设与管理的创新艺术	郑立平 著	26.00

……

欲了解更多图书信息，请登录：www.wqedu.com
联系地址：北京市西城区三里河路6号院2号楼213室　万千教育
咨询电话：010-65181109，65262933

*本目录定价如有错误或变动，以实际出书为准。